謎解きの英文法
否定

久野暲・高見健一 著
Susumu Kuno Ken-ichi Takami

only

no
ever
barely
little few much
not

くろしお出版

はしがき

「私には兄弟が<u>いない</u>」という日本語は、英語では I *don't* have any brothers. のように don't を用いても、あるいは I have *no* brothers. のように no を用いても言えます。ただ、これら2つの英語の文は、どちらも同じ意味ですから、否定を表わす don't と no を2つ重ねて *I *don't* have *no* brothers. とは言えません。しかし、次のような文は、否定の要素が2つあるにもかかわらず、まったく自然なものです。

(1) a.　*No* news is *not* good news.
　　 b.　*No* shoes is *not* allowed.

これらの文はどのような意味でしょうか。これらの適格な文と *I *don't* have *no* brothers. のような不適格な文は、どこが違っているのでしょうか。

さらに次のような文にも、否定の要素が2つありますが、これらもまったく自然なものです。

(2) a.　You *mustn't not* vote.
　　 b.　*No* one has *no* friends.

(2a, b) はどのような意味でしょうか。どうしてこれらの文は、*I *don't* have *no* brothers. と違って、正しい文なのでしょうか。

ある高校生用英文法書に次の文があがっており、この文は、「全部が〜というわけではない」という「部分否定」の意味を表わすと書かれています。

(3)　　　*Not all* of the members attended the meeting. ［部分否定］
　　　　「会員の全員が会議に出席した<u>というわけではない</u>。」

(3) では not が all の前にあり、not all ... の語順になっていますが、この高校生用英文法書は、not と all の語順が逆になり、「not

をallの後に置くと、『全部が〜ない』という『全体否定』の意味にとられてしまう」と述べています。しかし、これは本当でしょうか。Notをallの後に置いた次の文を見てください。

(4) 　　*All* of the members *didn't* attend the meeting.

この文は、高校生用英文法書の記述とは異なり、「会員の全員が会議に出席しなかった」という「全体否定」の意味だけでなく、(3)の「会員の全員が会議に出席したというわけではない」という「部分否定」の意味もあります。

　さらに興味深いことに、次の有名な諺(ことわざ)では、allが文頭にあり、notがallの後に置かれていますが、高校生用英文法書の記述とは逆に、「全部が〜というわけではない」という部分否定の意味しかありません。

(5) 　　*All* that glitters is *not* gold. 〔部分否定〕
　　　　「光るもの必ずしも金ならず」

「部分否定」や「全体否定」の意味は、いったいどのようにして決まるのでしょうか。

　この本は、英語の否定に関する上のような「謎」を解き明かそうとしたものです。「否定」と言うと、「複雑」とか「論理的」というイメージがあり、「難しい」と思われるかもしれませんが、本書では、「否定」と「肯定」を区別する具体的なテストを用い、分かりやすく平易に解説します。そして、英語の否定のメカニズムを浮き彫りにしたいと思います。そのため、「否定は苦手」と思っておられる方も、否定のさまざまな謎を解き明かすことによって、否定の仕組みを理解し、その面白さを味わってもらえることと思います。

　本書は9章からなり、第1章と第2章で(1a, b), (2a, b)のような否定表現について考えます。第3章では、部分否定と全体否定について考え、これらの否定の意味がどのように決まるのか

明らかにします。第4章では、日常の話し言葉で、much（および many）が、否定や疑問との関連で不思議な振る舞いをすることを指摘します。そして第5章では、any がどんな文で用いられるかを考えます。従来、any は否定文、疑問文、条件文で用いられ、肯定文では any ではなく、some が用いられるとよく言われてきましたが、次の文は肯定文であるにもかかわらず、any（anything, anyone）や ever が現われており、まったく自然なものです。

(6) a. It's doubtful that he *ever* said *anything* like that.
  b. We were amazed to find that he had *any* money in the bank.
  c. He hid the document before *anyone* came into the room.

このように、any が肯定文に現われる場合も考察し、any が用いられる一般的条件を明らかにします。

A few や a little が「肯定」を表わし、few や little が「否定」を表わすことはよく知られていますが、第6章と第7章では、これらの表現を取り上げ、両者のより詳細な意味や話し手の視点、両者の共通点や相違点を明らかにします。Few や little だけでなく、hardly, seldom, rarely, scarcely などの表現も《否定的意味》を持っていることはよく知られていますが、barely や only はどうでしょうか。第8章と第9章では、それぞれ barely と only を取り上げ、これらの表現が《肯定的意味》と《否定的意味》のどちらをも表わす事実を観察します。そして、どうして1つの単語が肯定的表現として用いられたり、否定的表現として用いられたりするのか、またどうして barely や only の肯定的解釈しか許さない文、barely や only の否定的解釈しか許さない文があるのかという「謎」を解き明かします。

本書ではさらに、否定との関連で3つのコラムを設けて説明をしました。コラム1では、There Will Be No No Show Charge. の

no の反復が誤植ではなくて、この文がこのままで意味をなす正しい文であることを説明します。コラム2では、not happy と unhappy の間にどんな意味の違いがあるかを考えます。コラム3では、否定辞が何を否定するかを考察します。また、コラム4－5は、「場面にふさわしい言葉遣い」に関するものです。参考にしていただければ幸いです。

　この本を書くにあたり、多くの方々にお世話になりました。特に Karen Courtenay, Nan Decker のお二人からは、本書の多くの英語表現に関して有益な指摘をたくさんいただきました。また、くろしお出版の岡野秀夫氏には、本書の原稿を何度も通読していただき、さまざまな有益な助言をいただきました。ここに記して感謝します。

　　　　　　　　　2007 年　秋　　　　　　　著　者

目　次

はしがき　*i*

第1章　文否定と構成素否定　*1*

- *No* news is good news. と
  No news is *not* good news.　*1*
- 否定辞は何を否定するか？　*4*
- *No* shoes are allowed. と *No* shoes is *not* allowed.　*5*
- 少し複雑な例　*7*
- 《構成素否定》のその他の例　*10*
- 《文否定》と《構成素否定》から生じる違い　*11*
- 練習問題　*15*

コラム①　There Will Be No No Show Charge.　*18*

第2章　2重否定　*23*

- はじめに　*23*
- You mustn't not vote. はどんな意味？　*24*
- 2重否定文　*30*
- 2重否定文のその他の例　*34*
- 日本語との比較　*39*
- 練習問題　*41*

コラム②　Not happy と unhappy は同じか？　*42*

第3章　部分否定と全体否定　*49*

- not always . . . と always not . . .　*49*
- 「部分否定」は「文否定」　*51*
- All . . . not の語順は「全体否定」か？　*54*
- All the children didn't sleep. の意味は？　*57*
- All that glitters is not gold. はなぜ部分否定か？　*61*

- I haven't read all of these books. の意味は？ *62*
- All of these books, I haven't read. の意味は？ *63*
- 数量詞の作用域 *65*

コラム③ 否定辞は文中のどの要素を否定するか？ *68*

第4章 Much の不思議 *75*

- Much はどんなときに使う？ *75*
- 文の種類 *76*
- Any や ever と共通の特性 *79*
- 形式ばった表現なら、much は可能 *80*
- Very much, so much, too much, much better 等なら可能 *82*
- Many はどうか？ *83*

第5章 Any はどんな文に用いられるか？ *87*

- 肯定文か否定文か？ *87*
- 疑問文や条件文でも用いられる *89*
- Any や ever は肯定文にも現われる *90*
- 否定文と疑問文の共通要素は何か？ *91*
- 条件文や before 節も《非肯定》 *95*
- 「疑い、驚き、禁止、回避、否認」などを表わす節も《非肯定》 *97*
- 《非肯定》を表わす前置詞や only, rather than *99*
- まとめ *101*

コラム④ 場面にふさわしい言葉遣い（1） *103*

第6章 A Few と Few (1) ―「肯定」と「否定」― *107*

- 「数人いる」と「数人しかいない」 *107*
- 「数人いる」から「紹介できる」 *108*
- 「数人しかいない」ので「紹介してください」 *112*
- A little と little *114*
- 《肯定》と《否定》で生じる違い ― 付加疑問 *115*
- 《肯定》と《否定》で生じる違い ― 肯定／否定対極表現 *116*
- 《肯定》と《否定》で生じる違い ― 動詞句削除 *117*
- 《肯定》と《否定》で生じる違い ― so / neither *119*
- 否定の意味をもつ表現 *121*

コラム⑤ 場面にふさわしい言葉遣い (2) *123*

第7章 A Few と Few (2) ―「含意」と「暗意」― *127*

- 「少しある」と「少ししかない」は同じか？ *127*
- 「含意」と「暗意」 *129*
- A few と few の「意味」、「含意」と「暗意」 *130*
- (2a, b), (3a, b) の説明 *135*
- 一貫した視点 *138*
- インフォーマルな用法の a few *141*
- A little と little *142*
- まとめ *146*

第8章 Barely *149*

- はじめに *149*
- Scarcely, hardly は文否定辞 *151*
- 否定辞としてのbarely *156*
- 否定的解釈と肯定的解釈の両方を許す barely *160*
- 肯定的解釈しかできない barely *162*
- Barely はなぜ否定的表現になったり肯定的表現になったりするのか？ *165*
- まとめ *172*

第9章 Only *175*

- Only と「主語・助動詞倒置」 *175*
- 「主語・助動詞倒置」を引き起こすもの *176*
- 2種類の only *178*
- 「...だけで」と「...でだけ」 *185*
- 動詞句削除 *187*
- 肯定的only と否定的 only のさらなる違い *189*
- 「構成素否定」と「文否定」 *192*

付記・参考文献　*197*

文否定と構成素否定

● *No* news is good news. と *No* news is *not* good news.

英語では否定を表わす際、次のように not を be 動詞や助動詞の後ろに置いて（しばしば -n't と短縮して）表現するのが一般的です。

(1) a. I do*n't* have any money.
   b. John has*n't* ever played hockey.
   c. Sue will *not* eat anything during the day.
   d. They did*n't* see anyone in the park.
   e. My husband is *not* any longer with me.

英語ではさらに、not だけでなく、no, never, nothing, no one, nobody のような表現を用いて否定を表わすこともできます。そのため、上の（1a-e）は、次のように言うことができます。

(2) a. I have *no* money.
   b. John has *never* played hockey.
   c. Sue will eat *nothing* during the day.
   d. They saw *no one (nobody)* in the park.
   e. My husband is *no* longer with me.

（1a-e）と（2a-e）は、それぞれ同じ意味を表わし、たとえば（1a）

の I don't have any money. と (2a) の I have no money. は、ともに「私はお金を持っていない」という意味ですが、詳しく言うと、「［私がお金を持っている］ということはない」という意味です。「私がお金を持っている」という文全体が否定されているので、このことを表わすために、この文の意味を次のように表わすことにします（NOT が、I have money 全体を否定していることを表わします）。

(3)　　**NOT**　I have money

ここで、たとえば (2a) の I have no money. は、(1a) の I don't have any money. と同じ意味なので、さらに not を追加して次のように言うことはできません（2つの否定辞で1つの否定を表わすような英語の場合は除きます）。

(4)　　*I do*n't* have *no* money.

(4) の文の * は、この文が英語として用いられない不適格な文であることを示します（本書では以下、不適格文をこの * でマークします）。(4) の不適格文は、no money の no が I have money を否定し、don't have の -n't が、否定された I have money を否定しようとしているので、次のように表わすことができます。

(5)　　***NOT**　NOT　I have money

「私がお金を持っている」を否定するには、(3) のように NOT が1つあれば十分なのに、(5) ではもう1つ余分に NOT があります。したがって、(4) の意味は、「［［私がお金を持っている］という

ことはない]ということはない」という、何を言おうとしているのか分からない不適格な文となります。ここで、その意味表記が次のパターンを含んでいる文は不適格となることを「2重否定パターン」として公式化しておきましょう。

(6) **2重否定パターン** *... NOT $\boxed{\text{NOT}\ \boxed{\ ...\ }}$ ...

実際には、(6) の2重否定パターンの文で適格なものがあるので、このパターンの文のすべてが不適格というわけではありませんが、本章では、一応 (6) の仮定が正しいものと想定して話を進め、次の第2章で、(6) のパターンがどのような条件で適格となるかを考察することにします。

さて、それでは次の2つの文を見てみましょう。

(7) a. *No* tap water is 100% pure.
「水道水は百パーセント純粋なわけではない。」
b. *No* news is good news.
「便りのないのはよい便り」(ことわざ)

(7a, b) では、ともに tap water と news に No がついており、同じ形をしています。しかし、(7a) は、(4) と同様に、さらに not を追加して次の (8a) のように言うことはできませんが、(7b) は、さらに not を追加して次の (8b) のように言うことができます。

(8) a. **No* tap water is *not* 100% pure.
b. *No* news is *not* good news.

なぜこのような違いが生じるのでしょうか。本章では、否定辞が

文のどの部分を否定しているかを考えることによって、この謎を明らかにしたいと思います。

● 否定辞は何を否定するか？

それでは、(7a, b) の意味を考えてみましょう。(7a) (=No tap water is 100% pure.) は、「水道水が百パーセント純粋だということはない」という意味ですから、Tap water is *not* 100% pure. と言い換えられます。つまり、「水道水が百パーセント純粋である」という文全体が否定されているので、次のように表わすことができます。

(9)　　**NOT** tap water is 100% pure

一方 (7b) (=No news is good news.) は、「便りのないのはよい便り」という諺で、No は、文全体を否定しているのではなく、「便り」の部分のみを否定して、「便りのない」となっています。つまり、No は「〜が存在しない」という意味を表わすので、No news は、「便りが存在しないこと」、すなわち「便りがないこと」という意味になります。したがって、(7b) は次のように表わすことができます（文全体を否定する NOT と区別して、文の一部を否定する要素を NO で示し、NO とともに 　　　 で囲って表わします）。

(10)　　NO news is good news

(7b) は (10) に示されるように、文全体は否定されていませんから、さらに文全体を否定する not を追加して、(8b) (=No news is *not* good news.）のようにすることができ、「便りのな<u>い</u>のはよい知らせでは<u>ない</u>」と言うことができます。つまり、(8b) は次のような構造になっており、2つの否定辞が否定している部分が違うので、正しい英語の表現となっています。

(11)　No news is not good news.（=(8b)）の表記：
　　　NOT $\boxed{\text{NO news}}$ is good news

(11) の表記から分かるように、No news is not good news. の No は、news のみを否定して「便りのないこと」という意味になり、not は、文全体を否定して、「[便りのないのはよい便り]ではない」という意味になります。

ここで、(7a), (9)（以下に再録）のように、否定辞が文全体を否定する場合を「**文否定**」と呼び、(7b), (10)（以下に再録）のように、否定辞が文中の一部の要素のみを否定する場合を「**構成素否定**」と呼びましょう。

(12)　*No* tap water is 100% pure.　【文否定】（=7a）
　　　= **NOT** $\boxed{\text{tap water is 100\% pure}}$ （=9）
(13)　*No* news is good news.　【構成素否定】（=7b）
　　　= $\boxed{\text{NO news}}$ is good news （=10）

● *No* shoes are allowed. と *No* shoes is *not* allowed.

次の2つの文はともに正しい英文ですが、どのような意味でしょうか。No は、両者で同じ働きをしているのでしょうか。（後で触れますが、(14a) の動詞は are、(14b) の動詞は is となります。)

(14) a. *No* shoes are allowed.
　　b. *No* shoes is *not* allowed.

(14a) は、「靴はお断り」、つまり、「靴をはいたままでは入れ<u>ない</u>」という意味で、Shoes are *not* allowed. と言い換えられます。そのため、(14a) の No は、「靴が許される」という文全体を否定する《文否定》です。

(15)　　**NOT** 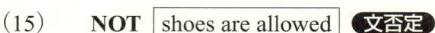　文否定

No shoes are allowed.　(=14a)
「靴をはいたままでは入れ<u>ない</u>」

一方 (14b) は、「靴をはいてい<u>ない</u>ことは許され<u>ない</u>」という意味 (つまり、「(あのビーチフロントのレストランでは) 靴をはいていない客は断られる」という意味) で、No は shoes のみを否定する《構成素否定》です。そして、not が、「靴をはいていないことが許される」という文全体を否定する《文否定》の働きをしています。そのため、(14b) の意味は次のように表記することができます。

(16)　　**NOT** NO shoes is allowed　構成素否定 と 文否定

No shoes is *not* allowed.（=14b）
「靴をはいていないことは許されない」

ここで、(14b) の動詞が単数の is であることに注意してください。この文の主語は shoes ではなくて、「shoes をはいていないこと」という状態を表わす表現ですから、単数扱いとなります。一方、(14a) の主語は shoes ですから、動詞は are になります。

● **少し複雑な例**

次に、もう少し複雑な例を見て、その意味を考えてみましょう。

(17) a.　He would kick me under *no* circumstances.
　　 b.　He would kick me for *no* reason.

これら２つの文は、副詞句の部分が若干異なるだけで、形の上では極めて類似しています。しかし、両者の意味を考えると、大きな違いがあることが分かります。(17a) は、「彼は、私をどのような状況でも蹴ったりはしない」という意味で、次のように言い換えられます。

(18)　　He would *not* kick me under any circumstances.

つまり、(17a) の no は、副詞句の中に深く埋め込まれているものの、次のように文全体を否定する《文否定》です。

(19)　　NOT | he would kick me under any circumstances |　文否定

したがって、(17a) を再び文否定にした (20a) は不適格となります。なぜなら、この文の意味表記 (20b) は、(6) で示した許容されない2重否定パターンを含んでいるからです。

(20) a. *He would not kick me under no circumstances.
　　 b. *NOT　| NOT | he would kick me under any circumstances |

一方 (17b) は、「彼は、私を理由もなく蹴るだろう」という意味で、no は reason (「理由」) のみを否定する《構成素否定》です。その点で、No news is good news. (=7b) の No と同じ働きをしています。そして、(17b) の no は構成素否定ですから、次のように表わすことができます。

(21)　　| He would kick me for | NO reason |　構成素否定

(21) の NO reason は、「理由が存在しない」、つまり「理由がない」という意味です。そして、(17b) の for no reason は、入念な言い方をすると、「理由がないという理由で」という意味で、結局、「理由もなく」となります。

(17b) の no は、reason のみを否定する構成素否定ですから、この文を次のように書き換えると、文否定になり、まったく意味が違ってしまいます。

(22)　　He would *not* kick me for any reason.
　　　　「彼は、どのような理由があろうと私を蹴ったりはしない。」

そして、(17b) は構成素否定ですから、(22) のような文否定を表わす not をさらに追加することができます。

(23)　　He would *not* kick me for *no* reason.
　　　　「彼は、理由もなく私を蹴ったりはしない。」

He would not kick me for no reason.（=23）の no は、reason のみを否定して「理由もなく」という意味になり、not は、文全体を否定して、「[彼が私を理由もなく蹴る]ことはない」という意味になります。したがって、この文の意味表記は次のようになります。

(24)　　**NOT** | he would kick me for | **NO** reason |

この意味表記には、許容されない (6) の 2 重否定パターンが含まれていませんから、(23) は適格と判断されるわけです。
　以上の点をここで確認しておきましょう。

(17) a.　He would kick me under *no* circumstances.　**文否定**
　　　　「[彼は、私をどのような状況でも蹴ったりは]しない。」
　　b.　He would kick me for *no* reason.　**構成素否定**
　　　　「彼は、私を[理由もなく]蹴るだろう。」

● 《構成素否定》のその他の例

次の文の no も、No news is good news. や He would kick me for no reason. の no と同様に、その後ろの名詞のみを否定する《構成素否定》で、文全体は否定されていません。

(25) a. He is a man of *no* principles. 　構成素否定
「彼は［節操のない］人だ。」
b. I work in an office with *no* windows. 　構成素否定
「私は［窓のない］オフィスで働いている。」

(25a, b) の no は構成素否定ですから、その意味は次のように表わすことができます。

(26) a. He is a man of **NO** principles
b. I work in an office with **NO** windows

これまで観察した構成素否定の例では、その否定辞が no ばかりでしたが、次のように not を用いて構成素否定が示される場合もあります。

(27) a. *Not* surprisingly, he quit the job after two weeks. 　構成素否定
「［驚くことではない］が、彼は２週間でその仕事を辞めた。」
b. This is a *not* unexpected result. 　構成素否定
「これは［予期しなくはない］結果だ。→これは予想された結果だ。」

日本語訳から分かるように、(27a) の not は、その後ろの副詞 surprisingly のみを否定する構成素否定で、(27b) の not は、その後ろの形容詞 unexpected のみを否定する構成素否定です。そのため、これらの文の意味は、次のように表わすことができます。

(28) a.　 NO surprisingly , he quit the job after two weeks
　　 b.　 This is a NO unexpected result

　以上で、構成素否定の NO は、実際には no で表わされる場合（たとえば、(25a) の He is a man of *no* principles.）と、not で表わされる場合（たとえば、(27a) の *Not* surprisingly, he quit the job after two weeks.）があることを見ました。それでは、両者の違いは何でしょうか。それはもうお気づきだと思いますが、構成素否定の対象が名詞のときは NO が no となり、それ以外のときには NO が not になるということです。

● 《文否定》と《構成素否定》から生じる違い

　さて、ある文が文否定であるか構成素否定であるかの違いにより、いくつかの興味深い現象が生じます。まず、**付加疑問文**に関して見てみましょう。付加疑問文は一般に、助動詞を含む肯定文であれば、「助動詞の否定短縮形＋代名詞主語」をその肯定文の後ろにつけ、助動詞を含む否定文であれば、「肯定助動詞＋代名詞主語」をその否定文の後ろにつけて作られます。

(29) a.　He *will* come to the party, *won't* he?
　　 b.　He *won't* come to the party, *will* he?

それでは、(17a) の He would kick me under no circumstances. と、(17b) の He would kick me for no reason. を付加疑問文にしてみましょう。

(30) a. He would kick me under *no* circumstances, { would he? / *wouldn't he? }

  b. He would kick me for *no* reason, { *would he? / wouldn't he? }

(17a) (=He would kick me under no circumstances.) は文否定で、文全体が否定文ですから、それに付加疑問をつけると、(30a) のように肯定の would he? となり、否定の wouldn't he? は許されません。一方 (17b) (=He would kick me for no reason.) は構成素否定で、文全体は肯定文ですから、それに付加疑問をつけると、(30b) のように肯定の would he? は許されず、否定の wouldn't he? となります。

英語では次の (a) のように、文全体を否定する否定の要素が文頭にあると、「主語と助動詞の倒置」が起きます。そのため、主語と助動詞の倒置が起きていない (b) は、不適格です。

(31) a. She refused to apologize. *Nor would she* offer any explanation.
  b. She refused to apologize. **Nor she would* offer any explanation.
(32) a. *Never in my life have I* seen such a beautiful landscape.
  b. **Never in my life I have* seen such a beautiful landscape.

それでは、(17a, b) の否定辞を含む副詞句を文頭に出してみま

しょう。ともに主語と助動詞の倒置が起きるでしょうか。

(33) a. Under no circumstances *would he* kick me.　**文否定**
　　　b. *Under no circumstances, *he would* kick me.
(34) a. *For no reason *would he* kick me.
　　　b. For no reason, *he would* kick me.　**構成素否定**

(17a)(=He would kick me under *no* circumstances.) は、under no circumstances を文頭に置くと、(33a) のように主語と助動詞の倒置が起き、倒置が起きていない (33b) は不適格です。しかし、(17b)(=He would kick me for *no* reason.) は、for no reason を文頭に置いて、主語と助動詞の倒置が起きると、(34a) のように不適格となり、主語と助動詞の倒置が起きなければ、(34b) のように適格です。その理由は、読者の方々にはもうすでに明らかでしょう。(17a) は文否定なので、その文全体を否定する要素 under no circumstances を文頭に置くと、文全体が否定文のため、主語と助動詞の倒置が義務的に起きます。一方 (17b) は、構成素否定なので、for no reason は文全体を否定する要素ではありません。よって、主語と助動詞の倒置は起きません。

　英語の any や ever という表現は、「**否定対極表現**」(Negative Polarity Item) と呼ばれ、否定辞等とともに用いられます。(日本語でも、「しか」のような表現は、否定辞とともに用いられて、「私は野菜しか食べない」のように用いられます。) 実際、(1a-e)(以下に再録) では、any, ever, anything, anyone が、文全体を否定する not とともに用いられています。

(1) a.　I do*n't* have *any* money.
　　b.　John has*n't ever* played hockey.

c. Sue will *not* eat *anything* during the day.
   d. They did*n't* see *anyone* in the park.
   e. My husband is *not any* longer with me.

この事実からすると、(17a)(=He would kick me under *no* circumstances.)は《文否定》なので、any のような表現と共起するのに対し、(17b)(=He would kick me for *no* reason.)は《構成素否定》なので、そのような表現と共起しないと予測されます。この予測は、次の文の適格性の違いから正しいことが分かります。

(35) a.　Under *no* circumstances would he kick *anyone*.
　　 b.　*For *no* reason, he would kick *anyone*.

最後に、so と neither の使い方を見てみましょう。まず、次の文を見てください。

(36) a.　John will live long, and *so* will Mary.
　　 b.　John won't live long, and *neither* will Mary.

(36a)のように、「ジョンは長生きするだろう、メアリーもそうだ」という場合、前半の文が肯定文ですから、後半の文で「メアリーもそうだ」とは、「メアリーも長生きするだろう」という肯定文になります。そのため、so will Mary となり、neither will Mary とはもちろんなりません。一方、(36b)のように、「ジョンは長生きしないだろう、メアリーもそうだ」と言えば、前半の文が否定文ですから、後半の文で「メアリーもそうだ」とは、「メアリーも長生きしないだろう」という否定文になります。そのため、so will Mary とはならず、neither will Mary となります。

この点をもとに、(17a, b) に関して次の例を見てみましょう。

(37) a. He would kick me under *no* circumstances, and $\begin{Bmatrix} \text{*so} \\ \text{neither} \end{Bmatrix}$ would she.

b. He would kick me for *no* reason, and $\begin{Bmatrix} \text{so} \\ \text{*neither} \end{Bmatrix}$ would she.

(37a) の前半の文は、「彼は、私をどのような状況でも蹴ったりはしない」という《文否定》ですから、「彼女もそうだ」と言う場合、「彼女も私をどのような状況でも蹴ったりはしない」という《文否定》になります。そのため、so would she は許されず、neither would she となります。一方、(37b) の前半の文は、「彼は、私を理由もなく蹴るだろう」という《構成素否定》であり、文否定ではないので、「彼女もそうだ」と言う場合、「彼女も私を理由もなく蹴るだろう」という《構成素否定》になり、文否定にはなりません。そのため、so would she となり、neither would she とはなりません。

以上から明らかなように、一見、形は同じように見えても、否定が、文全体を否定する《文否定》か、文中のある構成素のみを否定する《構成素否定》かによって、さまざまな違いが生じることが分かりました。

● **練習問題**

文否定と構成素否定の違いが分かったので、それでは「練習問題」として、次の文を考えてみましょう。どの文が文否定で、ど

の文が構成素否定でしょうか。

［練習問題１］
(1) a. We'll get to Boston in *no* time.
    b. This door must be left unlocked at *no* time.

［練習問題２］
(2) a. John could remember the name of *nobody* he met at the party.
    b. John despised people with *no* principles.

［練習問題３］
(3) a. Jim went to France with *no* money.
    b. Jim gives money to *no* charities.

答えはお分かりでしょうか。正解は次の通りです。

	否定	意味
(1a)	構成素否定	私たちはすぐに（= in no time）ボストンに着く。
(1b)	文否定	このドアは、どんなときでも鍵をかけない状態にしてはいけ<u>ない</u>（= いつも鍵をかけねばならない）。
(2a)	文否定	ジョンは、パーティーで会った人の名前を誰も覚えることができ<u>なか</u>った。
(2b)	構成素否定	ジョンは、信条のない人を軽蔑した。
(3a)	構成素否定	ジムはお金を持た<u>ない</u>でフランスへ行った。
(3b)	文否定	ジムは、慈善施設にお金を寄付し<u>ない</u>。

上記のような違いのために、練習問題（1）–（3）の（a）と（b）では、前節で観察したようなさまざまな現象の違いが生じます。読者の方々はぜひここでそれらを考えてみてください。（正解を巻末の【付記】に示します。）

コラム①

There Will Be No No Show Charge.

　このコラムの題の文には No が２つ重なっていますが、これは誤植でしょうか。答えは、No No です。それでは、この文は、どんな意味なのでしょうか。この文の意味がすぐ読み取れる読者もあることと思いますが、そうでない読者のために、下にその種明かしをします。

　第１章で、次の文の no が文否定の no ではなく、news だけを否定する、「存在しないこと」という意味の no であることを示しました。

（1）　　　No news is good news.
　　　　　「便りのないのはよい便り」

この用法の no は、(1) のような古くから伝わっている表現に限られているわけではなく、現代英語でもそれほど珍しくない用法です。(2) にその例を示します。

（2）　a.　No snow in winter means water shortages in summer.
　　　　　「冬に雪が降らないことは、夏の水不足を意味する。」
　　　b.　I prefer no snow in April.
　　　　　「私は、４月に雪が降らないほうがいい。」
　　　c.　Late news sometimes means no news

coverage.
「深夜ニュースは、伝えるべきニュースがないことを意味することがある。」

さて、no show も、「顔を見せないこと、出席しないこと、現われないこと」という意味で、次のように用いられます。

(3) a. So Fidel Castro was a no show for the May Day festivities in Havana this year. (実例)
「それで、フィデル・カストロは、ハバナでの今年のメイデーの諸行事に姿を現わさなかった。」
b. For a no show without a cancellation number the penalty is the entire amount of the booking. (実例)
「予約取り消し番号のない不泊・不参加については、予約の全額を頂戴します。」

この用法の no show は、ハイフォンをつけて no-show と書くのが普通ですが、(3a, b) のように、ハイフォンなしの用例も見かけられます。
　この用法の no(-)show が形容詞的に用いられると、次のような文ができます。

(4) 　　I received a bill with a no show charge on it. (実例)
「不泊料金が含まれている請求書を受け取った。」

この用法の no show にもハイフォンがつくのが普通ですが、

ハイフォンなしの用例も見かけられます。(4)の例が示しているように、「不泊・不参加料金」の意味の no show charge には不定冠詞 a が必要です。
　これで表題の英文の意味が明らかになったことと思います。

(5)　　　There will be no no show charge.

は、肯定文(6)を否定する文ということになります。

(6)　　　There will be a no show charge.
　　　　　「不泊・不参加料金をいただきます。」

したがって、表題の英文は、誤植ではなくて、「不泊・不参加料金はいただきません。」という意味の構文法的にも正しい文ということになります。ついでながら、(5)が誤植で、no が1つであるべきところを2つ重ねてしまってできた文である、という解釈が容易でないのは、もしこの解釈が意図されているのなら、(6)のように、不定冠詞 a がつくはずだからです。ということは、もし、There will be a no no show charge. という文にお目にかかったとすれば、誤植で、a no show charge が意図されている文(つまり、(6))と結論してもよい、ということになります。
　最後に、表題の英文と同類のパターンの文を3つあげておきます。読者の皆さんは、これらの文がどういう意味か、もうお分かりになることと思います。

(7)　a.　We have had no no snow winter for the past five years.

b. There were no no smoking signs inside the lecture hall.
  c. Why No No Frills Airline Night Flights From UK? (実例)

(7c) の no frills . . . flight は、frills =「余分なもの（飲み物や食べ物などのサービス）」がないフライトのことです。

2重否定

第2章

● **はじめに**

第1章で、次の文の意味構造を右のように表わしました。

(1)　　I have no money.　　　　**NOT** I have money

次の (2) の文は、(1) を否定する文ですから、右に示す意味構造を持っていることになります。

(2)　　*I don't have no money.　　**NOT** NOT I have money

そして、(2) が不適格文であることから、一般的に次の「2重否定パターン」が示す意味構造を持った文は、不適格だと述べました。

(3)　　**2重否定パターン** *...NOT NOT ...

本章では、まず最初に、-n't not, not not と2つの否定辞が続いてもまったく適格な文が数多くあることを観察し、そのような文の意味構造が (3) で示されたものではないことを示します。次に、意味構造で (3) のような2つの文否定辞が続いているにもかかわらず、まったく適格な文も存在することを示します。そして、そのような文が (2) とは異なり、なぜ適格となるかの理由

を明らかにします。

● You mustn't not vote. はどんな意味？

まず最初に、(4) の文とその意味構造を考えてみましょう。

(4)　　I want to vote.　　　　　| I want PRO to vote |

(4) の意味構造に示された PRO は、主文の主語と同じ指示対象を持つと解釈されるべき埋め込み文の主語で（つまり、PRO は to vote の意味上の主語で、主文の主語 I を指し）、(4) の文から明らかなように、表層文（= 実際の文）には現われない仮設的要素です。

　(4) の意味構造には、主文と埋め込み文がありますから、そのどちらでも、あるいはその両方とも否定することができます。したがって、次の3つの否定文が存在します。

(5)　主文の否定：
　　　I do**n't** want to vote.　　　**NOT** | I want PRO to vote |
　　　「私は、投票したくない。」

(6)　埋め込み文の否定：
　　　I want to **not** vote.　　　| I want **NOT** PRO to vote |
　　　I want **not** to vote.
　　　「私は、投票しないことを望む。」

(7)　主文と埋め込み文の両方の否定：
　　　I do**n't** want to **not** vote.

$$\text{NOT} \boxed{\text{I want NOT} \boxed{\text{PRO to vote}}}$$

I do**n't** want **not** to vote.
「私は投票しないことを望まない：私は投票したい。」

　(5) と (6) の間には、微妙な意味の違いがあります。(5) の文は、「私は投票したい」という希望を否定する、非積極的な意図を表わす文（つまり、「私は投票したいとは思わ<u>ない</u>」という意味の文）ですが、(6) の（2つの）文は、「投票しないこと、つまり、棄権するという行為を望む」という、積極的な意図を表わす文（つまり、「私は投票し<u>ない</u>ことを望む」という意味の文）です。さて、(7) の（2つの）文には2つの否定辞が現われていますが、この文はまったく適格な文です。この文の意味構造が、その右に示されているように、2つの NOT が、主文と埋め込み文のそれぞれを否定しており、1つの文の否定を否定しているのではないので、(3) の<u>2重否定</u>パターンの構造を持っていないことに注意してください。

　(4)（=I want to vote.）の意味構造がその右に示したもの（つまり、$\boxed{\text{I want} \boxed{\text{PRO to vote}}}$）であるとすれば、次の (8) の文の意味構造は、右に示したものとなるはずです。

(8)　　You must vote.　　$\boxed{\text{You must} \boxed{\text{PRO vote}}}$

（【付記1】参照）

　(8) の意味構造の must は、(4) の意味構造の want と同様、主文の主動詞として取り扱われていることに注目してください。

　(8) の意味構造には主文と埋め込み文がありますから、上で見たのと同様に、そのどちらでも、あるいはその両方とも否定することができ、次の3つの否定文が存在するはずです。

(9)　主文の否定：

You must**n't** vote.　　　　**NOT** | You must | PRO vote |

You must **not** vote.
「あなたは、投票してはいけない。」

(10)　埋め込み文の否定：

You must **not** vote.　　　| You must **NOT** | PRO vote |

「あなたは、投票しないようにしなければいけない。」

(11)　主文と埋め込み文の両方の否定：

You must**n't not** vote.

　　　　　　NOT | You must **NOT** | PRO vote |

You must **not not** vote.
「あなたは、投票しないようにすること（棄権すること）をしてはいけない；あなたは、投票しなければいけない。」

(9) の2つ目の文（=You must not vote.）と (10) の文（=You must note vote.）は、一見、まったく同じ文のように見えますが、前者の文の not は主文を否定しているので、must not は続けて発音されなければなりません。他方、(10) の文の not は、埋め込み文（= PRO vote）を否定しているので、must not は続けて発音されず、must と not の間に短いポーズが入り、not vote が続けて発音されます。実際には、「指定された行動をとってはいけない」という発話のほうが、「指定された行動をとらないようにしなければいけない」という発話よりはるかに頻度数が高いので、You must not vote. は、ポーズなどによる発音上の手がかりがない場合には、

(9) の主文否定の解釈を受けます。(9) の最初の文、You mustn't vote. は、must not が続けて発音され、縮約された結果、mustn't となっているので、主文否定の解釈しか受けられません。

(11) の2つの文は、否定辞 -n't/not と not が続いて現われているにもかかわらず、完全に適格な文です。これらの文の意味構造は、(7) で示したものと同様に、2つの NOT が主文と埋め込み文のそれぞれを否定しているので、(3) で示された2重否定パターンではないことに注意してください。(11) の2つの文を理解するには、何も特別な文脈がいりません。

You mustn't not vote. (=11)
「投票しないのはいけない → 投票しなければならない」

Should, can も、主文を否定する構造と、埋め込み文を否定する構造を持ち得るものと仮定することができます。

(12)　　主文の否定：

  a. You should **not** vote. **NOT** [you should **PRO** vote]
    You should**n't** vote.

  b. I can **not** breathe. **NOT** [I can **PRO** breathe]
    I can**not** breathe.

(13) 　　埋め込み文の否定：
　　a.　You should **not** vote.　　| you should **NOT** | PRO vote |
　　b.　I can **not** breathe.　　| I can **NOT** | PRO breathe |

Should の場合は、must と同様、主文否定の意味「投票するべきではない」と埋め込み文否定の意味「投票しないようにするべきだ」の違いが微妙です。それに、指定の行動をとらないことをするべきだ、と言わなければならないような文脈が稀なので、should not を含んだ文は、主文否定の解釈 (12a) を受けます。Can の場合には、主文否定の意味「呼吸をすることができない」と埋め込み文否定の意味「呼吸をしないでいることができる」の意味の違いが明瞭です。指定の行動をとらないでいることができると言わなければならない文脈が稀なので、can not は通常、主文否定の解釈 (12b) を受けますが、埋め込み文否定の解釈しかできない文もあります。

(14) a.　However, if you are careful, you *can not* breathe for minutes at a time and still survive.（実例）
　　　「しかし、用心すれば、何分も息をしないでいて、なおかつ死を免れることができる。」
　　b.　*However, if you are careful, you *cannot* breathe for minutes at a time and still survive.
　　　「*しかし、用心すれば、何分も息をして、なおかつ死を免れることができない。」

(14a)は文法的にも意味的にも完全に適格な文です。この文には、埋め込み文否定の解釈しかなく、主文否定の解釈はありません。

そして、not は埋め込み文を否定しているので、can not は続けて発音されず、can と not の間に短いポーズが入り、not breathe が続けて発音されます。(14b) が不適格なのは、cannot が主文否定の解釈しか許さないからです。

下に、should, can の後で、否定辞の連続 -n't/not not が現われている例を示します。

(15) a. You should**n't not** do something you want to do just because of religion or fear.（実例）
「宗教とか恐怖のために、したいことをしないようにするべきではない：したいことはするべきだ。」

b. （２００７年５月の英国エリザベス女王のアメリカ訪問について、アメリカ人がとるべき態度を述べた文）
Americans should not bow, should not curtsey, and should **not not** look her in the eye. She is our guest, and we are her equal. Let's act like it! We are now Americans: no longer British subjects!（実例）
「アメリカ人は頭をさげてお辞儀をするべきではない、アメリカ女性はひざをかがめてお辞儀をするべきではない、そして、彼女の目を見ないようにするべきではない。彼女は我々のゲストであって、我々は彼女と同等である。そのように行動しよう。我々は、今、アメリカ人であって、もはや英国の臣下ではない。」

c. I **can't not** obey her.（Quirk et al. 1985: 798）
「私は、彼女の言うことをきかないことはできない：私は彼女の言うことをきく。」

d. People can**not not** watch television.（実例）
「人は、テレビを見ないでいることはできない：

人はテレビを見る。」

上の文はすべて、(11) と同類の意味構造を持っています。下に念のため、(15a, c) の意味構造を示します。

(16) a.　**NOT**　you should **NOT** PRO do something...
　　 b　**NOT**　I can **NOT** PRO obey her

(15a-d) は、理解することが極めて容易な、完全に適格な文です。

● 2重否定文

前節では、意味構造で主文を否定する NOT と埋め込み文を否定する NOT との間に助動詞が介在する例ばかり取り扱いましたが、本節では、(3) の2重否定パターンの意味構造を持った文で適格なものを取り扱います。まず、(17) とその意味構造を見てみましょう。

(17)　　I don't like her. / I do not like her.　**NOT**　I do like her

(17) の文の否定辞は、文全体を否定する文否定辞ですから、その意味構造は、右に示されるようになります。
　さて、次の I do **not not** like the taste of beer. は、まったく適格です（大文字の NOT は、ストレスが置かれることを示します）。

(18)　　I do **not not** like the taste of beer. I love it. I do not drink
　　　　that often. And I do NOT drink by myself.（実例）

「私は、ビールの味が好きでないわけではない。私はビールが大好きだ。ただそんなにしばしばは飲まない。また、一人で飲むことはない。」

(18) の初頭の文は、I do not like the taste of beer を否定する文で、その意味構造は次に示す通りです。

(19) 　　**NOT** 　NOT　I do like the taste of beer

助動詞 do は must, can, should と異なり意味内容がありませんから、(11) の must のように、埋め込み文を補文とする主動詞と考えることはできません。したがって、(18) の初頭の文の意味構造は、第1章で不適格であると想定した2重否定パターンの構造を持った (19) ということになります。それにもかかわらず、(18) の初頭の文は完全に適格な文です。

同様、次の文を見てみましょう。

(20) 　　I do**n't NOT** like her, but there's something about her that bothers me.（実例）
「私は彼女が好きでないわけではないが、彼女には、何か私の気に障るところがある。」

この文も、完全に適格な文です。(18) と (20) に共通な要素は、初頭の2重否定文のあとに続く文が、1重否定文が先行文脈で、あるいは暗黙のうちに、話題になっていたことを示していることです。(18) では、話し手が「自分はそんなにビールを飲まないし、一人で飲むこともない」と言っていますから、人は「自分がビールが好きでない（1重否定）」と思うかもしれない、と示唆

しています。(18)の初頭の2重否定文は、この誤解を否定する文というわけです。同様、(20)では、後半で「彼女には、何か私の気に障るところがある」と言って、人は、「私が彼女が好きでない」と思うかもしれない、という示唆を行なっています。(20)の初頭の文は、この誤解を否定する文です。このように、意味構造が2重否定パターンの文は、埋め込まれている1重否定文が想定されているような文脈で起きれば、その想定を否定する文として、適格文となります。(18), (20)の適格性から、第1章で、意味構造に2重否定パターンが現われる文は不適格文であるという一般化を想定したのは間違いであった、という結論になります。

さらに次の文を見てみましょう。

(21)　This tax-cut bill does**n't** benefit **NOBODY**, it benefits the rich.
　　　「この減税法案は、誰にも利益を与えないわけではない。金持ちには利益を与える。」

この文も、完全に適格な文です。そしてこの文は、1重否定文の This tax-cut bill benefits nobody.（「この減税法案は、誰にも利益を与えない」）を誰かが先行文脈で言ったか、あるいは暗黙のうちに話題になっていたことを示唆しています。(21)はその1重否定文を否定して、「そんなことはない。金持ちには利益を与える」と言っていると考えられます。つまり、(21)が適格なのも、1重否定文が想定されている文脈でこの文が述べられていると容易に推測できるからです。

次の会話では、話し手 A がまず1重否定文を用い、その1重否定文を話し手 B が明示的に否定する2重否定文を用いています。

(22)　Speaker A: I can't believe they did**n't** remember her birthday.
　　　　　　　　「彼らが彼女の誕生日を覚えていなかったなんて信じられない。」
　　　Speaker B: They do**n't** often **not** remember her birthday, just once that I know of.
　　　　　　　　「彼らは、彼女の誕生日をしばしば覚えていないわけではなく、私が知っている今回だけのことです。」

ここでも、話し手 B の2重否定文が適格なのは、埋め込まれている1重否定文がすでに話題となり、先行文脈で想定されているためです。

これで、(2)（以下に再録）がなぜ不適格なのか分かります。

(2)　　*I do**n't** have **no** money.

この文が適格となるためには、You have no money という1重否定文が、先行文脈で、あるいは暗黙のうちに、話題になっていることが示されていなければなりません。しかしこの文は、唐突に発話されているので、先行文脈がありません。また、「聞き手がお金をまったく持っていない」という想定をすることもできません。よって、この文は不適格となります。したがって、たとえばこの文が次のような文脈で用いられれば、まったく自然になります（話し手Bのnoにはストレスが置かれます）。

(23) Speaker A: It's because of your terrible money management skills and lavish life style that you have **no** money.
「あなたがお金がないのは、お金の管理がひどくて、贅沢な生活を好むからです。」
Speaker B: I do**n't** have **NO** money—I have a $100 savings bond if you recall.
「私はお金がないわけではない。私が百ドルの貯蓄債券を持っているのを覚えているでしょう。」

この会話では、話し手Bが2重否定文を用いるのに先立ち、話し手AがYou have no moneyと言っており、この1重否定文が想定されています。そして、話し手Bは、その1重否定文の想定を否定しているので、2重否定文が適格となります。

● **2重否定文のその他の例**

前節では、don't/didn't のように1つの否定辞が助動詞に付加さ

れている２重否定文を考察しましたが、次に示す文は、否定辞が２つとも助動詞以外の要素に入り込んでいる２重否定文です。

(24) **Not** many people have **nowhere** to live.（Quirk et al. 1985: 798）
「多くの人が住むところがないわけではない。」

(24) が２つの《文否定辞》を持っていることは、次の手順で証明できます。まず最初に、(25) を見てみましょう。

(25) Some people have **nowhere** to live.
「若干の人たちは住むところがない。」

(25) には、「肯定助動詞 + 代名詞主語」パターンの付加疑問文が現われ、「否定助動詞 + 代名詞主語」パターンの付加疑問文が現われません。

(26) a. Some people have nowhere to live, *do they*?
b. *Some people have nowhere to live, *don't they*?

この事実は、(25) が、次に示すように、文否定辞を含んだ文であることを示しています（否定文のあとに続く付加疑問文が「肯定助動詞 + 代名詞主語」のパターンを取らなければならないことについては、第１章を参照してください）。

(27) **NOT** | some people have somewhere to live |

したがって、(26a) の nowhere は《文否定辞》ということになり

ます。
　次に、(24) の not many people の not が、《文否定》の not か、それとも《構成素否定》の not か、調べてみましょう。

(28)　**Not** many people have somewhere to live.

一見、not は many を修飾して、「大勢でない」という意味を表わす構成素否定辞であるかのように見えますが、次の付加疑問文のパターンを見ると、それが《文否定辞》であることが分かります。

(29) a.　Not many people have somewhere to live, *do they*?
　　 b. *Not many people have somewhere to live, *don't they*?

ですから、(28) の意味構造は (30) に示すもの、ということになります。

(30)　　**NOT** | many people have somewhere to live |

(27) と (30) から、(24)(以下に再録)は (31b) の意味構造を持っているという結論になります。

(31) a.　**Not** many people have **nowhere** to live. (= 24)
　　 b.　**NOT** | **NOT** | many people have somewhere to live |

このように、(24) は、(3) の2重否定パターンの意味構造を持っていますが、完全な適格文です。
　次の文では、否定辞がすべて名詞か副詞の中に入り込んでいますが、適格な2重否定文です。

(32) a. **No** one has **nothing** to offer to society.（Quirk et al. 1985: 798）
「社会に貢献できるものを何も持っていない人はいない。」
b. **Nobody** has **nothing** to eat.（同上）
「食べるものが何もない人は一人もいない。」
c. **None** of us have **never** told lies.（同上：799）
「我々のうちで嘘をついたことがない者は誰もいない。」

(24) や (32a-c) のような2重否定文は、何ら文脈がないにもかかわらず、適格文と判断されます。これはなぜでしょうか。それは、これらの2重否定文に埋め込まれている次の1重否定文が、社会常識としてすでに確定しているためだと考えられます。

(33) a. Many people have **nowhere** to live.
b. Some people have **nothing** to offer to society.
c. Some people have **nothing** to eat.
d. Some of us have **never** told lies.

「多くの人が住むところがない」、「社会に提供すべきものが何もない人がいる」、「食べる物がない人たちがいる」、「我々のなかで嘘をついたことがない人がいる」というような事柄は、一般に私たちの社会常識として確定している事柄です。そのため、わざわざ文脈を与えなくても、このような1重否定文の想定がすでに確定しており、(24) や (32a-c) の2重否定文は、これらの1重否定文を否定しているため、適格になります。そして、これらの2重否定文は、(33) で表わされている社会常識で一般的に正しい

と考えられている事柄を真っ向から全面的に否定しているので、「賢者の意見」とでも言えるような陳述となっており、そのために格言的性格を帯びています。

　以上から、２重否定文は、そこに埋め込まれている１重否定文が、先行文脈で想定されているか、社会常識としてすでに確定しているときのみ適格になることが分かりました。ここでまとめとして、最後に次の２文を比べてみましょう。

(34) a. *I do**n't** have **no** friends.
　　 b. **No** one has **no** friends.
　　　「友だちがいない人は一人もいない。」

(34a) は、(2)（=*I don't have no money.）と同様に不適格です。その理由は、この文が唐突に発話され、１重否定文の You have no friends（「あなたは友だちがいない」）が、先行文脈で想定されておらず、もちろん社会常識としても確定してはいない事柄だからです。そのため、この文がたとえば次のような先行文脈のもとで発話されると、その１重否定文が想定されているので、適格となります。

(35)　Speaker A: You've got to stop being so critical of people. You judge them all the time and that's why you have **no** friends.
　　　「あなたは、人をそんなに批判するのをやめなければならない。いつも人を非難ばかりしているから、あなたは友だちがいないんですよ。」
　　　Speaker B: I do**n't** have **NO** friends—there are lots of people

I talk to online.
「友だちがいないわけではありません。オンラインで話をする人がたくさんいますよ。」

　一方、(34b) が文脈なしで適格と判断されるのは、この文に埋め込まれている1重否定文 Some people have no friends（「友だちのいない人がいる」）が我々の社会常識としてすでに確定しているためです。そして、この2重否定文は、社会常識であるはずの「友だちのいない人がいる」という陳述を真っ向から否定して肯定的一般論（「誰にも友だちがいる」）を提出する文なので、格言的性格を帯びています。

　最後に、英語の2重否定文は、すでに述べたように、可能ではあり、実例も見つかりますが、それほど頻繁に用いられるパターンではない、ということを強調しておく必要があります。実際 Google で探してみますと、1重否定のつもりで2重否定を使っている例が大部分です。I know nothing about it. の意味で使われる I don't know nothing about it. の類いです。日本人がたとえば、(32b)（=Nobody has nothing to eat.）のような肯定の意味の2重否定文を使うと、Nobody has anything to eat. と言うべきところを間違えて2重否定を使っている、と誤解される可能性が高いですから、よほど英語に達者でない限り、肯定の意味の2重否定文は使わないほうが安全かもしれません。

● 日本語との比較

　英語の2重否定文は、これまで観察したように、日本語ではたとえば「私はお金がないわけではない」のように表現され、日本語では頻繁に用いられる構文パターンです。そして、理解するの

も容易です。それに対して英語では、2重否定文があまり頻繁には用いられず、その解釈を助けるサポートがないと理解困難になりがちです。この違いはいったいどこからくるのでしょうか。

　日本語の2重否定文は典型的に、「[...ない]わけではない」というパターンで表わされます。このパターンは構文法的には、複文構造を持っていて、埋め込み文[...ない]は、名詞「わけ」を修飾する形容詞句です。そして、大きい名詞句「[...ない]わけ」は、「ない」の補語になっています。したがって、「[...ない]わけではない」パターンは、次のような構文法的構造を持っているものと考えられます。

(36)　　[[主文 [名詞句 [埋め込み文 ...動詞句] −ない わけ] で ある] −ない]

上の構造で、最初の「ない」は、埋め込み文を否定する否定辞で、後ろの「ない」は、主文の「...ないわけである」を否定する否定辞です。(「ある」の否定「あらない」は「ない」となります。) そうすると、日本語の「...ないわけではない」は構文法的には、否定文の否定ではなく、「否定文が埋め込まれている肯定文の否定」という構造を持っていることになります【付記2】参照)。他方、英語の2重否定文、たとえば (20) の I don't not like her. や (24) の Not many people have nowhere to live. は、構文法的には、単文構造で、否定文の否定です。そのため、文脈や社会常識で1重否定文が想定されている場合に限り用いられることになります。

● 練習問題

　最後に、「練習問題」として（32a-c）と同様の文を以下に4つあげておきます。それらの意味はお分かりだと思いますが、いかがでしょうか（【付記3】としてその意味を巻末に示します）。

［練習問題］
(1) a. **No one** has **nobody** he/she loves.
　　b. **Nobody** said **nothing**, but most people didn't say much.
　　c. **Not** all imperatives have **no** subject.
　　　（Quirk et al. 1985: 799）
　　d. **Never** before had **none** of the committee members supported the mayor.（同上）

コラム②

Not happy と unhappy は同じか？

　(1a) の文の否定は、be 動詞の後ろに not を入れた (1b) ですが、available に否定接頭辞の un- をつけて、(1c) のように言うこともできます。

(1)　a.　This room is available for the party.
　　　b.　This room is not available for the party.
　　　c.　This room is unavailable for the party.

(1b) の not available は文の上での否定（《文否定》）なのに対し、(1c) の unavailable は、単語の上での（形態上の）否定で、available を否定する《構成素否定》と言えますが、どちらも否定の意味を表わしていることには変わりありません。そして、(1b) と (1c) は、「この部屋は、そのパーティーには利用できない」という、同じ意味を伝達しています。
　それでは、次の (2b) と (2c) はどうでしょうか。

(2)　a.　John is happy.
　　　b.　John is not happy.
　　　c.　John is unhappy.

(2c) の unhappy は、happy に否定接頭辞の un- がついており、(1c) の unavailable と同様に、単語の上での（形態上の）否定で、happy を否定する《構成素否定》と言えます。

ただ、(2b) は、「ジョンは幸せでない」と述べているのに対し、(2c) は、「ジョンは不幸だ」と述べており、両者は直感的に意味が違うと感じられます。その証拠に、次のように言ってもまったく自然です。

(3)　　John is not happy, but he is not unhappy, either.
　　　「ジョンは幸せではないが、しかし不幸でもない。」

これに対し、(1b, c) に関しては、次のように言うことができません。

(4)　　*This room is not available for the party, but it is not unavailable, either.
　　　「*この部屋はそのパーティーに利用できないが、しかし利用できないわけでもない。」

これはなぜでしょうか。もうお気づきのことと思いますが、available-unavailable は、あるものが「利用できる」か「利用できない」かのどちらかです。つまり、二分律で、途中の段階を表わす「程度」がなく、そのため、*very available のような言い方はできません。それに対し、happy-unhappy には程度があり、幸せでも不幸でもない中間段階があります。そのため、very happy, sort of happy, a little unhappy のような言い方ができます。この点を図示すると、次のようになります。

(5)

available	unavailable

(6)

```
      happy         unhappy
    |＿＿＿|      |＿＿＿＿|
    ←――――――――――――――――→
```

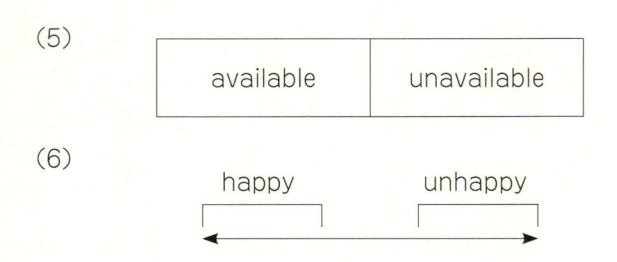

(6) の図から分かるように、happy-unhappy はスケール状になっており、happy でも unhappy でもない、中間の部分があります。そのため、(3) (= John is not happy, but he is not unhappy, either.) のような表現が可能で、(3) は、(6) のスケール上で、happy でも unhappy でもない中間の部分を指し示していることになります。それに対して、available-unavailable には、available でも unavailable でもない中間部分がないので、(4) (= *This room is not available for the party, but it is not unavailable, either.) のように言うことができません。

さて、(2c) の John is unhappy. は、(6) の図で unhappy がカバーする領域にジョンがあるという意味なのに対し、(2b) の John is not happy. は、(6) の図で happy でない部分、つまり、次の not happy がカバーする領域にジョンがあるという意味になります。

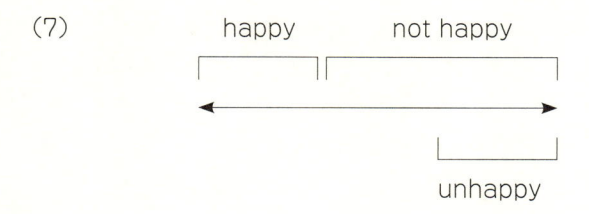

(7)

```
       happy        not happy
     |＿＿＿|    |＿＿＿＿＿＿＿＿＿|
     ←―――――――――――――――――――→
                     |＿＿＿＿＿|
                       unhappy
```

(7) の図から分かるように、not happy と unhappy は、そのカバーする領域が異なるので、(2b)(= John is not happy.) と (2c)(= John is unhappy.) は同じ意味ではないということになります。

　ただ、実際には、John is not happy.(=2b) と言うと、暗に John is unhappy. ということが推論されるのが一般的です（これはちょうど、John doesn't like Mary. と言うと、John dislikes Mary. ということが暗に示されるのと同様です―しかし、暗に示されるだけで（「暗意」）、(3) のようにその点を打ち消すことができます（「暗意」に関しては、第7章を参照してください））。この点は、happy にストレスを置いて、He is not HAppy（大文字はストレスを表わす）と発音すると、その意味が強くなります。一方、not にストレスを置いて、He is NOT happy と言うと、(7) の図で happy でない領域全体を指す意味が強くなります。

　それでは、次の文は、ジョンが (7) の図でどのへんにあると述べているのでしょうか。

　(8)　John is not unhappy.

Not unhappy は、まず、happy に否定接頭辞の un- がつき、形態的、意味的に否定を表わす unhappy になり、次に、《文否定》を表わす not がついた2重否定です（ただ、構成素否定と文否定ですから、第1章、第2章で観察した「2重否定パターン」ではありません）。そして、not unhappy は、「不幸ではない」と言っているので、スケール上では次のように表わせます。

(9) 　happy　　　not happy

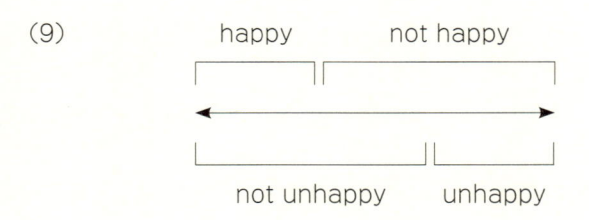

　　　not unhappy　　unhappy

Not unhappy は、unhappy ではない領域を指すことになり、happy の部分と、happy でも unhappy でもない部分の両方を表わします。しかし、もしジョンが happy であるなら、John is happy. と端的に言えばよく、何もわざわざ John is not unhappy. と回りくどい表現をする必要はありません。さらに、ジョンが幸せでも不幸でもないのなら、John is neither happy nor unhappy. と言えばすみます。そのため、John is not unhappy. とわざわざ2重否定を使っているのは、happy の程度を弱めて、sort of happy (「まあまあ幸せ」) と言っていると解釈されるのが一般的です。

(10)　　John is not unhappy.
　　　　(=John is sort of happy.)
　　　　「ジョンはまあ幸せだ。」

以上、このコラムでは、happy-unhappy のようにスケール状をなす形容詞について考えましたが、動詞でも、(3)(以下に再録)と同様に、たとえば(11)のように言うことが可能です。

(3)　　John is not happy, but he is not unhappy, either.

「ジョンは幸せではないが、しかし不幸でもない。」
(11)　I don't like him, but I don't dislike him, either.
「私は彼が好きではないが、しかし嫌いでもない。」

(11)のように言うことができるのは、もちろん、like-dislikeが次のようにスケール状をなしているからです。

(12)　　　　　like　　　　　　dislike

したがって、このコラムで観察した事柄は、形容詞のみに限られるわけではなく、一般的な現象であることが分かります。

部分否定と全体否定

第3章

● not always ... と always not ...

　読者の方々は、次の否定文がどのような意味か、もうよく御存知のことでしょう。

(1) a. The rich are *not always* happy.
　　b. Your theory is *not entirely* correct.
　　c. I'm *not quite* satisfied with your plan.

(1a-c) はそれぞれ、(2a-c) のような意味で、(3a-c) のような意味ではありません。

> (2) a. 金持ちが<u>必ずしも</u>幸せだ<u>とは限らない</u>。　　㊣
> 　　b. 君の理論は、<u>まったく正しいというわけではない</u>。
> 　　c. 私は、君の計画に<u>完全に</u>満足している<u>わけではない</u>。

> (3) a. 金持ちは<u>いつも</u>幸せで<u>ない</u>（不幸である）。　　㊤
> 　　b. 君の理論は、<u>まったく正しくない</u>（間違いだ）。
> 　　c. 私は、君の計画に<u>まったく満足していない</u>（不満足だ）。

(2a-c) の「必ずしも／まったく／完全に ～ というわけではない」という意味から分かるように、(1a-c) は「**部分否定**」と呼ばれ

る意味を表わしています。そのため、これらの文では、金持ちの人が幸せな場合ももちろんあり、聞き手の理論はある程度は正しく、話し手は聞き手の計画にある程度は満足しています。一方、(3a-c) の日本語は、「いつも／まったく 〜 ない」という意味から分かるように、「**全体否定**」(あるいは「全否定」)と呼ばれています。このような「部分否定」や「全体否定」という言い方は、高校の英文法でも用いられ、なじみ深い用語だと思います。

　ここで、(1a) が (2a) のような意味であり、(3a) のような意味ではないということを、第1章や第2章で用いた意味表記を用いて表わすと、次のようになります(「いつも、常に」を意味する always を ALWAYS と大文字で示します)。

(4)　a.　(1a) が持つ意味構造：

　　　　NOT | ALWAYS | the rich are happy

　　b.　(1a) が持たない意味構造：

　　　　ALWAYS | NOT | the rich are happy

(4a) と (4b) の意味構造は、NOT と ALWAYS の順序が逆になっています。そのため (4a) は、「[[金持ちが幸せである (the rich are happy)] ということが常に成立する (ALWAYS)] ということはない (NOT)」という意味構造になっています。一方 (4b) は、「[[金持ちが幸せである (the rich are happy)] ということはない (NOT)] (つまり、不幸だ) ということが常に成立する (ALWAYS)」という意味構造になっています。(1a) は、すでに見たように前者の意味ですから、(4a) の意味構造を持っていることになります。

　上の事実から、たとえば (1a) は、次の (5a) のように言い換えられ、(5b) のようには言い換えられないことが分かります。

(5) a. It is *not always* the case that [the rich are happy].
 部分否定 ≒ (1a)
 「[金持ちが幸せな] のはいつもではない。」

 b. It is *always* the case that [the rich are *not* happy].
 全体否定 ≠ (1a)
 「[金持ちが幸せでない] ということは常である。」

(1a) は (5a) のような部分否定の意味を表わすため、(5b) のような全体否定の意味にするには、次のように not と always の語順を入れ替えて表現しなければなりません。

(6) The rich are *always not* happy. **全体否定**
 「金持ちはいつも幸せでない。」

そしてこの文が、(1a) と異なり、全体否定の意味を表わすので、(4b) の意味構造を持っていることは明らかです。

● 「部分否定」は「文否定」

　私たちは第1章で、否定には、文全体（の命題）が否定される《文否定》と、文の一部の要素（構成素）のみが否定される《構成素否定》があることを観察しました。さて、この章でこれから考える《部分否定》と《全体否定》は、構文上はともに《文否定》(の一種)であり、《構成素否定》ではないことをここで明らかにしておく必要があります。

　部分否定や全体否定というのは、文中にたまたま always, entirely, quite（さらに all, both, every, whole, necessarily, completely）などの「全体性」を意味する単語があり、否定辞との関係で、「全部.

..というわけではない」というような意味になれば《部分否定》、「全部...ない」というような意味になれば《全体否定》となるだけで、文自体は、「全部...というわけではない」、「全部...ない」という日本語から分かるように、《文否定》です。その証拠に、上で（1a）と（6）（以下に再録）の意味構造が、それぞれ（4a）と（4b）（以下に再録）であることを示しましたが、そのどちらにも文否定を表わす NOT が用いられており、構成素否定を表わす NO は用いられていません。

(7) a. The rich are *not always* happy. (=1a)　**部分否定**

    b. **NOT** | ALWAYS | the rich are happy |　(=4a)

(8) a. The rich are *always not* happy. (=6)　**全体否定**

    b. **ALWAYS** | NOT | the rich are happy |　(=4b)

部分否定や全体否定が《文否定》であるさらなる証拠として、部分否定であれ全体否定であれ、付加疑問文にすると、次のように「肯定助動詞＋代名詞主語」がつきます（第1章参照）。

(9) a. The rich are *not always* happy, { *are* they? / **aren't* they? }　**部分否定**

    「金持ちが必ずしも幸せだとは限らないですね。」

    b. The rich are *always not* happy, { *are* they? / **aren't* they? }　**全体否定**

    「金持ちはいつも幸せでないですね。」

ここで、次のような複文を考え、付加疑問文の形がどのようになるか見ておきましょう。

第3章 部分否定と全体否定　53

(10) a. He believes that the rich are not always happy, *doesn't* he?

　　 b. He believes that **NOT** ALWAYS the rich are happy

(11) a. He doesn't believe that the rich are always happy, *does* he?

　　 b. **NOT** he does believe that **ALWAYS** the rich are happy

(10a) は、(10b) に示した意味構造から分かるように、埋め込み文のみが否定され、<u>文全体（主節）は肯定文です</u>。そのため、この文を付加疑問文にすると、doesn't he? となり、does he? とはなりません。一方 (11a) は、その意味構造が (11b) であることから分かるように、文全体（主節）が否定される文否定の否定文です。そのため、この文を付加疑問文にすると、does he? となり、doesn't he? とはなりません。したがって、(9a, b) と (10a, b)、(11a, b) のような事実から、付加疑問の形は、(i) 埋め込み文ではなく、文全体（主節）に付加され、(ii) 文全体（主節）を否定する文否定辞 NOT が意味構造にあるかどうか、によって決まることが分かります（【付記1】参照）。

　部分否定や全体否定が《文否定》であるさらなる証拠として、部分否定であれ全体否定であれ、ともに文否定ですから、それらの文に「〜もそうだ」という文を続けると、次のように neither が用いられ、so は用いられません（第1章参照）。

(12) a. Your theory is *not entirely* correct, and $\left\{\begin{array}{c} neither \\ *so \end{array}\right\}$ is my theory.　部分否定

　　「君の理論はまったく正しいというわけではないし、私の理論もまったく正しいというわけではない。」

b. The rich are *always not* happy, and $\begin{Bmatrix} neither \\ *so \end{Bmatrix}$ are the poor. 全体否定

「金持ちはいつも幸せでないし、貧乏人もいつも幸せでない。」

以上から、部分否定と全体否定は、ともに文否定であり、構成素否定ではないことが明らかです。特に部分否定は、一見、構成素否定ではないかと考えられやすいので、この点は注意が必要です。

● All . . . not の語順は「全体否定」か？

高校生用のある英文法書に次の (13) – (15) の 3 文があげられ、(16) の説明がされています。

[高校生用英文法書]
(13)   *All* of the members attended the meeting. [肯定]
        「会員の全員が会議に出席した。」
(14)   *Not all* of the members attended the meeting.
        [部分否定]
        「会員の全員が会議に出席したというわけではない。」
(15)   *None* of the members attended the meeting. [全体否定]
        「会員はだれも会議に出席しなかった。」
[説明]
(16)   **not** は **all** の前に置く:「全部が ～ というわけでは

第3章 部分否定と全体否定 55

> ない」という部分否定の意味を表わしたい場合は、(14) の not all . . . のように、all の前に not を置かなければならない。<u>not を all の後に置くと、「全部が 〜 ない」という全体否定の意味にとられてしまう</u>。

　(16) の説明は、「not を all の後に置くと、『全部が 〜 ない』という全体否定の意味に」なると言っています。つまり、次の文は、「会員のだれもが会議に出席しなかった」という全体否定の意味であると言っています。

　(17)　　*All* of the members did*n't* attend the meeting.

これは本当でしょうか。つまり、(17) では、not を all の後に置いているので、(16) の説明にあるように、「会員の全員が会議に出席しなかった」という全体否定の意味のみで、「会員の全員が会議に出席したわけではない」という部分否定の意味はないのでしょうか。

　この答えを示す前に、高校生用英文法書が (16) で述べている事柄を、(4a, b) のような意味表記を用いて示すと、(16) は、(17) の文が次の (18a) の意味構造（「全体否定」の意味）は持つが、(18b) の意味構造（「部分否定」の意味）は持たないといっていることになります。

　(18) a.　**ALL**　| NOT | the members attended the meeting |
　　　　　全体否定　「会員の全員が会議に出席しなかった。」

b. **NOT** ALL the members attended the meeting

部分否定「会員の全員が会議に出席したわけではない。」

(18a) の意味表記は、「[[会議に出席すること] はなかった (NOT) (=会議に出席しなかった) 会員] が全員である (ALL)」ということを表わしており、「会員の全員が会議に出席しなかった」という《全体否定》の意味となります。一方 (18b) の意味表記は、「[[会議に出席した会員] が全員である (ALL)] ということはなかった (NOT)」ということを表わしており、「会員の全員が会議に出席したわけではない」という《部分否定》の意味となります。

さて、「not を all の後に置くと全体否定の意味になる」(つまり、(17) は (18a) の意味構造のみを持つ) という (16) の説明は、よく知られている次の諺を思い起こすと、間違いであることが分かります。

(19) a. *All* that glitters is *not* gold.
「光るもの必ずしも金ならず。」
 b. *All* men are *not* true.
「すべての人が誠実なわけではない。」

(19a, b) でも (17) と同様に、not が all の後に置かれていますが、これらの文は、「光るものすべてが金であるというわけではない」、「すべての人が誠実なわけではない」という《部分否定》の意味を表わしているのは、誰にも明らかでしょう。

All that glitters is *not* gold. (=19a)
「光るもの必ずしも金ならず。」

All men are *not* true. (=19b)
「すべての人が誠実なわけではない。」

(19b)を例にとれば、この文は次のような意味構造を持っています。

(20)　　**NOT** ALL men are true

　部分否定「すべての人が誠実なわけではない。」

(20)の意味構造は、「[[誠実な人は]すべての人である（ALL）]ということはない（NOT）」ということを表わしており、「すべての人が誠実なわけではない」という《部分否定》の意味となります。

いったい、部分否定と全体否定の意味はどのようにして決まるのでしょうか。本章では、この謎を解くことにします。

● All the children didn't sleep. の意味は？

まず、次の文から考えてみましょう。

(21) a.　All the children didn't sleep.
　　　b.　Everyone hasn't finished the assignment yet.

英語の話し手のほとんどの人が、これらの文には意味が2つあると言います。(21a) には、「子供たち全員が眠らなかった」という《全体否定》の意味と、「子供たち全員が眠ったわけではない」という《部分否定》の意味があります。また (21b) にも、「みんながまだ宿題を終えていない」という《全体否定》の意味と、「みんながもう宿題を終えたわけではない」という《部分否定》の意味があります。どちらの意味になるかはイントネーションに依存しており、たとえば (21a) を次の (22a) のように、all に強勢（ストレス）を置いて文末を下降調で言うと全体否定の意味が顕著となり、(22b) のように、all に強勢を置いて文末を上昇調で言うと部分否定の意味が顕著となります（大文字は強勢が置かれることを示します）。

(22) a. ALL the children didn't sleep.
　　 b. ALL the children didn't sleep.

(21a, b) の全体否定の意味は、次の (23a, b) のように none や no one を用いると明確になり、(21a, b) の部分否定の意味は、次の (24a, b) のように not を all, everyone の前に出して言うことで明確になります。

(23) [明確な全体否定]
　　 a. None of the children slept.
　　 b. No one has finished the assignment yet.
(24) [明確な部分否定]
　　 a. Not all of the children slept.
　　 b. Not everyone has finished the assignment yet.

（21a, b）が全体否定と部分否定の意味で曖昧であるため、あるネイティヴ・スピーカーは、そのような曖昧性を避けるために、(21a, b) を用いず、(23), (24) のような表現を用いると言っていました。

　以上から、「全体性」を意味する all, every, always のような単語と否定辞 not との否定関係は、not all ..., not every ..., not always ... のように、両者がこの順序で隣接して用いられると、「全部ではない」という部分否定の解釈しかないのに対し（(1a), (14), (24a, b) 参照）、all, every などが主語で、not が助動詞や be 動詞についている場合は、「全部ない」という全体否定と、「全部ではない」という部分否定の両方の解釈がある（(21a, b) 参照）ことが分かりました。

　さて、(21a, b) には全体否定と部分否定の両方の意味があることから、たとえば (21a) (=All the children didn't sleep.) は、次の 2 つの意味構造を持つことになります。

(25) a. **ALL** | **NOT** | the children slept |
　　　全体否定「子どもたちが全員眠らなかった。」
　　b. **NOT** | **ALL** | the children slept |
　　　部分否定「子どもたち全員が眠ったわけではない。」

(25a) の全体否定では、NOT は ALL を否定しておらず（ALL が NOT の外側にあることに注意してください）、the children slept のみを否定しています。そのため、「[眠らなかった子どもたち] はすべてである」、つまり、「すべての子どもたちが眠らなかった」ということを意味します。このように、NOT が ALL（や EVERY）を否定しない場合を次のように表わしましょう（このような場合を、ALL は NOT より広い「**作用域**」(scope) をとると言います）。

(26)　　ALL > NOT　［全体否定：「全員が〜しない」］

　一方、(25b) の部分否定では、NOT が ALL を否定しているので（ALL が NOT の内側にあることに注意してください）、「[子どもたち全員が眠った] わけではない」という意味になります。そのため (26) とは逆に、次のように表わすことができます（このような場合を、NOT は ALL より広い作用域をとると言います）。

(27)　　NOT > ALL　［部分否定：「全員が〜するわけではない」］

　以上の観察をもとに、前節の (17)（以下に再録）を見てみましょう。

(17)　　*All* of the members did*n't* attend the meeting.

この文でも、(21a) と同様に、all が主語に用いられているため、次の2つの意味があります。

(28) (17) の文の2つの意味：
　　a.　「会員の全員が会議に出席しなかった」　全体否定
　　　　= None of the members attended the meeting.（=15）
　　b.　「会員の全員が会議に出席したわけではない」　部分否定
　　　　= Not all of the members attended the meeting.（=14）

したがって、「not を all の後に置くと『全部が 〜 ない』という全体否定の意味にとられてしまう」という、前節で言及した高校

生用英文法書の記述（16）は、妥当ではないということになります。

　ここで、all や every（さらに both）が主語に用いられると、(21a, b),（17）のように、全体否定と部分否定の解釈が得られますが、most, some, several などが用いられると、全体否定の解釈しかなく、部分否定の解釈は得られないということを指摘しておく必要があります。

(29) a.　*Most* of the children didn't sleep.
　　 b.　*Several* students haven't finished the assignment yet.

(29a) は、「子供たちのほとんどが眠らなかった」という《全体否定》の意味（most > not）で、「子供たちのほとんどが眠ったわけではない／眠ったのは、子供たちのほとんどではない」という部分否定の意味（not > most）は、この日本語が不自然なことからも分かるように、ありません。(29b) も同様です（【付記2】参照）。

● All that glitters is not gold. はなぜ部分否定か？

　以上の考察から、(19a)（以下に再録）の文にも2つの意味があるのではないかという疑問が生じます。

(30)　　*All* that glitters is *not* gold.（=19a)
　　　　「光るもの必ずしも金ならず。」

その通りです。この文にも、「光るものすべてが、金でない／金以外のものである」という《全体否定》の意味（all > not）と、

「光るものすべてが金だというわけではない」という《部分否定》の意味 (not > all) があります。しかし、私たちは社会的常識として、金は光るという事実を知っています。したがって、「光るもののすべてが金以外のものである」と述べている全体否定の意味は事実に反し、間違ったことを言っていることになります。そのため、この解釈は排除され、部分否定の解釈のみが残り、(19a)は、部分否定の解釈として理解されるわけです。

(19b) (=*All* men are *not* true.) も同様で、「すべての人が誠実でない (不誠実だ)」という《全体否定》の意味 (all > not) と、「すべての人が誠実なわけではない」という《部分否定》の意味 (not > all) がありますが、前者の全体否定の解釈は、常識的に妥当ではない (つまり、誠実な人もいる) と考えられるので排除され、後者の部分否定の解釈のみで理解されています。

● I haven't read all of these books. の意味は？

これまでは、主語位置に all や everyone があり、not がその後ろ (の助動詞や be 動詞の位置) に現われる例を観察しましたが、次に、all が目的語位置に現われて、all と not の語順が逆になる次のような例を見てみましょう。

(31)　　I have*n't* read *all* of these books.

この文はどういう意味でしょうか。この場合も、「私はこれらの本のすべてを読んでいない／1 冊も読んでいない」という《全体否定》の意味と、「私はこれらの本のすべてを読んだわけではない」という《部分否定》の意味があります。そしてこれらの意味構造は、それぞれ次のように表わすことができます。

(32) a. **ALL** $\boxed{\text{NOT}\;\boxed{\text{I have read these books}}}$ （ALL ＞ NOT）
全体否定「私はこれらの本のすべてを読んでいない。」

b. **NOT** $\boxed{\text{ALL}\;\boxed{\text{I have read these books}}}$ （NOT ＞ ALL）
部分否定「私はこれらの本のすべてを読んだわけではない。」

(32a) の全体否定の解釈は、否定辞 NOT が ALL を否定してはいないので（ALL が NOT の外側にあることに注意してください）、ALL ＞ NOT のように表わされます。一方、(32b) の部分否定の解釈は、否定辞 NOT が ALL を否定しているので（ALL が NOT の内側にあることに注意してください）、NOT ＞ ALL のように表わされます。もちろん、このような曖昧性を避けるためには、全体否定の場合は次の (33a) のように、部分否定の場合は次の (33b) のように、表現することが可能です。

(33) a. I have*n't* read *any* of these books. **全体否定**
b. I have read *not all* of these books, but only a few of them.
部分否定

● All of these books, I haven't read. の意味は？

次の文にも2つの意味があるでしょうか。

(34) 　　*All* of these books, I have*n't* read.

(34) では、(31)（＝ I haven't read all of these books.）の目的語（all of these books）が文頭に置かれ、このような文は「**話題化文**」

(topicalized sentence) と呼ばれています。興味深いことに、この文は (31) と異なり、ALL ＞ NOT の《全体否定》の解釈（つまり、「これらすべての本を私は 1 冊も読んでいない」）しかなく、NOT ＞ ALL の部分否定の解釈（つまり、「私はこれらの本のすべてを読んだわけではない」）はありません。これはなぜでしょうか。

それは、否定辞 not が否定できるのは、その文内の要素に限定され、その文の外に出てしまった要素は、もはや否定されないためです。つまり、否定辞 not は、次の S_1 内の要素しか否定できず、S_1 の外の要素は否定の対象から外れてしまうわけです（S は文 (Sentence) を表わします）。

(35)　　[$_{S2}$ **All** of these books [$_{S1}$ I have**n't** read]]

したがって、(34) では、「これらの本のすべて」についてどうかと言うと、「話し手はそれらを（すべて／1 冊も）読んでいない」と言っているわけで、全体否定の解釈しか生じないわけです。この点から、次の制約があることが分かります。

> **《否定の作用域内の要素取り出し禁止制約》**
> 否定の作用域（否定が及ぶ領域）にある要素がその作用域から取り出されると、もはや否定されることはない。

この制約により、(34) では、all of these books が否定されることはなく、ALL ＞ NOT の全体否定の解釈しかなく、NOT ＞ ALL の部分否定の解釈はありません（【付記3】参照）。

同様のことが、次の文についても言えます。

(36) It was *all* of the children who did*n't* sleep. Only the adults slept. (cf. 21a)
「眠らなかったのは、そのすべての子供たちです。大人だけが眠りました。」

(36) は、文中のある強調したい要素（X）を取り出して、その文から「分裂」させ、"It is/was X who/that . . ." の X の位置に置き、取り出された要素が欠けている文を who/that の後ろの . . . の位置に置くことによってできた**強調構文（分裂文）**です。このような強調構文でも、否定辞 not の作用域は、not を含む文内に限定されるので、その作用域は次の S_1 内であり、S_2 までは及びません。

(37) [$_{S2}$ It was **all** of the children [$_{S1}$ who did**n't** sleep]]

その結果、(36) は、all ＞ not の全体否定の解釈しかありません。つまり、(36) は、「眠らなかったのは、すべての子供たちだ」（「大人だけが眠った」）という意味になります。

● 数量詞の作用域

　最後に、次のような文を考察して、前節の《否定の作用域内の要素取り出し禁止制約》が、より一般化されることを指摘しておきましょう。

(38) a. *Many people* come to New York *every summer*.
　　　b. *Every summer*, *many people* come to New York.

(38a) では、2つの解釈が可能です。1つは、「多くの（同じ）

人々が、(繰り返して) 毎年ニューヨークにやって来る」という解釈で、もう1つは、「毎年、多くの (年によって異なる) 人々がニューヨークにやって来る」という解釈です。そのため、これら2つの解釈は、それぞれ次のように示すことができます。

(39) 解釈①：[ニューヨークに毎年 (リピーターとして) やって来る] 人が大勢いる。(同じ人々)
　　 解釈②：毎年、[大勢の人がニューヨークにやって来る]。
　　　　　　(異なる人々)

解釈①は、many people が every summer より広い作用域をとる解釈 (many > every)、逆に解釈②は、every summer が many people より広い作用域をとる解釈 (every > many) と呼ばれます。一方、(38b) は、興味深いことに、「毎年、多くの (年によって異なる) 人々がニューヨークにやって来る」という意味、つまり、解釈②しかなく、解釈①はありません。その理由は、(38a) では、every summer が many people の作用域内にありますが、(38b) では、many people の作用域内にある every summer を取り出して、many people の作用域から外しているためです。

この点から、《否定の作用域内の要素取り出し禁止制約》は、次のように一般化されます。

《作用域内の要素取り出し禁止制約》
ある要素の作用域内にある範疇は、その作用域から取り出されると、もはやその要素の影響を受けない。

この制約により、(38a, b) の解釈の違いだけでなく、次のような文の解釈の違いも説明されます。

(40) a. *All of us* have read *many of these books* with great enthusiasm.
　　b. *Many of these books*, *all of u*s have read with great enthusiasm.

(40a) は曖昧で、(i) all of us が many of these books より広い作用域をとる解釈 (「私たちのめいめいが、これらの本のうちの (それぞれ異なる) たくさんの本を熱心に読んだ」) と、(ii) many of these books が all of us より広い作用域をとる解釈 (「これらの本のうちの (同じ) たくさんの本を、私たちみんなが熱心に読んだ」) の両方があります。しかし (40b) は、(ii) の解釈しか存在しません。その理由は、(38a, b) の場合と同様に、(40a) では many of these books が all of us の作用域内にありますが、(40b) では all of us の作用域内にある many of these books を取り出して、all of us の作用域から外したためです。よって《作用域内の要素取り出し禁止制約》により、(40b) では (i) の all of us が many of these books より広い作用域をとる解釈は排除されます。

コラム③

否定辞は文中のどの要素を否定するか？

次の文はどのような意味でしょうか。

(1)　　　John didn't steal Bill's bike.

(1)は、「ジョンはビルの自転車を盗まなかった」という意味で、そんなことは中学生だって答えられる、と叱られるかも知れません。しかし、もう一歩踏み込んで考えてみると、(1)は(2)の意味構造を持っており（第1章参照）、文頭の NOT が実際にどの要素を否定するかによって、(3a-g)のようなさまざまな意味があることが分かります。

(2)　　　**NOT** John stole Bill's bike
(3)　a.　John を否定：
　　　　ジョンがビルの自転車を盗んだのではない。
　　　　（ビルの自転車を盗んだのは、ジョンではない。）
　　b.　stole を否定：
　　　　ジョンは、ビルの自転車を盗んだのではない（借りただけだ）。
　　c.　Bill's を否定：
　　　　ジョンが盗んだのは、ビルの自転車ではない（マイクの自転車だ）。
　　d.　bike を否定：
　　　　ジョンが盗んだのは、ビルの自転車ではない（ビ

ルのオートバイだ)。
- e. Bill's bike を否定:
  ジョンが盗んだのは、<u>ビルの自転車</u>ではない（マイクのオートバイだ）。
- f. stole Bill's bike を否定:
  ジョンがした（悪い）ことは、<u>ビルの自転車を盗んだこと</u>ではない（マイクのオートバイを壊したことだ）。
- g. 文全体を否定:
  ジョンがビルの自転車を盗むというようなことはなかった。

もちろん、実際には、(1)のような文が常にこのように曖昧なわけではなく、話し手と聞き手の社会常識や想定、さらに(1)のような文が発話される文脈によって、どのような意味が意図されているか決まります。ただ、論理的には、(1)には(3a-g)のようなさまざまな意味があり得るということは、否定を考える上で大切な点だと思われます。

それでは、次の２文はどのような意味でしょうか。

(4) a. I didn't do it for money.
    b. I didn't do it for lack of money.

(4a)は、「私はお金のためにそれをしたのではない」という意味で、話し手はそれをしたが、お金のためにやったのではない（正義のためにやったのだ）と述べています。つまり、否定辞は副詞句の (for) money を否定しています。言い換えれば、話し手はそれをしているので、do it は否定されていません。

（特別な文脈、たとえば、それをしなければお金がもらえるというような状況があれば、(4a)は、「私はお金のためにそれをしなかった」という解釈が可能です。しかし、社会習慣上、何もしないでお金がもらえるということは普通ないので、この解釈は通例はありません。）一方(4b)は、「私はお金がなかったので、それをしなかった」という意味で、話し手はそれをやっておらず、やらなかった理由がお金がなかったためだと述べています。つまり、否定辞は、do (it) を否定しており、for lack of money は否定されていません。

I didn't do it for money. (=4a)

I didn't do it for lack of money. (=4b)

それでは、次の2文はどのような意味でしょうか。

(5)　a.　He didn't marry her because she was rich.

b. He didn't go to the party because he was sick.

以前、大学のクラスで、ある学生に（5a）の意味を尋ねたとき、その学生は、「彼女は金持ちだったので、彼は彼女と<u>結婚しなかった</u>」と訳し、その意味の不自然さにきょとんとしていました。（5a）の普通の解釈は、「彼は、彼女が金持ちだったから結婚したわけではない（優しかったから結婚したのだ）」であり、彼は彼女と<u>結婚しており</u>、結婚した理由が、彼女が金持ちだったから<u>ではない</u>（優しかったからだ）というものです。つまり、（5a）は次のように言い換えられます。

　（6）　　He married her, but it was <u>not</u> <u>because she was rich</u>.

（6）の言い換えから分かるように、（5a）の否定辞 not は、その直後の marry (her) を否定しているのではなく、because 節を否定しています。
　一方、（5b）は、「彼は、病気だったのでパーティーに行かなかった」という意味で、彼はパーティーに行っておらず、行かなかった理由が病気だったからだと述べています。つまり、否定辞は go (to the party) を否定しており、because 節は否定されていません。
　（5a）と（5b）で否定されている要素が異なるという点は、これらの否定文を次のように肯定文にすると、適格性に違いがあることからも分かります。

　（7）　a.　He married her because she was rich.

「彼は、彼女が金持ちだったので、彼女と結婚した。」
　b. *He went to the party because he was sick.
「* 彼は、病気だったのでパーティーに行った。」

(7a) の because 節は、彼が彼女と結婚した理由を述べ、主節の動詞句 married her を修飾しています。そのため、この文が否定文になると、because 節が否定されることになります。一方 (7b) では、人は普通、病気だからパーティーに行くということはないので、この文は社会常識上、不自然であり、不適格文となります。人は病気の場合、パーティーに行かないのが普通なので、この文を否定文にすると、go to the party が否定され、because 節は否定されません。
　それでは、次の文はどのような意味でしょうか。

(8)　　　I didn't go to the clinic because I had a fever.

この文は、次のように2通りに解釈されます。

(9)　a.　I didn't <u>go to the clinic</u> because I had a fever.

　　　　否定辞が go (to the clinic) を否定：
　　　　「私は、熱があったのでクリニックに行かなかった。」
　　b.　I didn't go to the clinic <u>because I had a fever</u>.

　　　　否定辞が because 節を否定：
　　　　「私は、熱があったからクリニックに行ったわけ

ではない。」

(9a) の解釈では、(8) の否定辞 not が、その直後の go (to the clinic) を否定しており、because 節は否定されていません。そのため、「私は、熱があったのでクリニックに行かなかった。」という意味になります。一方 (9b) の解釈では、(8) の否定辞 not が because 節を否定し、主節の go to the clinic は否定されていません。そのため、「私は、熱があったからクリニックに行ったわけではない。」という意味になります。

　英語では否定を表わす際、not を助動詞や be 動詞の直後に置いて（しばしば don't, didn't, isn't のように、-n't と短縮して）表現するのが一般的ですが、not が常にその直後の要素を否定するのではなく、上で見たように、not から離れた要素を否定している場合が多くあります。そのため、否定辞が文中のどの要素を否定しているかを考えることが極めて重要となります。

Much の不思議

第4章

● Much はどんなときに使う？

英語のテストで、次のような問題が出たとします。

---

(1) 下の英語のうちで、その上に示されている日本語の会話調英語訳として正しいものには ○、正しくないものには × をつけなさい。

　A.（質問：朝食は何を食べましたか？）
　　ミルクをたくさん飲みました。
　　I drank much milk.

　B.（質問：お金をお持ちですか？）
　　今日は、あまり持ち合わせがありません。
　　I don't have much money with me today.

　C.（質問：『ハリー・ポッター』は好きですか？）
　　とても好きです。
　　I like it much.

　D.（薬局で：この薬をお飲みください。）
　　たくさんの水で飲むといいのですか？
　　Should I take it with much water?

(A)～(D) の英文には、すべて much が用いられていますが、正

解は、(A) と (C) が ×、(B) と (D) が ○ です。この事実を知っている高校生や大学生はおそらくほとんどいないのではないでしょうか。(A) と (C) の日本語に対しては、たとえば、次のように言わなければいけません。

(2)　　I drank *a lot of* milk.
(3)　a.　I like it *very* much.
　　　b.　I like it *a lot*.

(A) や (C) を用いるネイティヴ・スピーカーはまずいませんし、もし私たちが (A) や (C) のような文を言うと、「この人は外国人だな」と思われることでしょう。

● 文の種類

(1) の (B) と (D) でも much が使われているのに、どうしてこれらは正しい英語で、(A) と (C) だけが不自然なのでしょうか。両者はどこが違うのでしょうか。それは、(A) と (C) は肯定文で、(B) と (D) は、それぞれ否定文、疑問文であるという点です。**日常の話し言葉で、much は、否定文や疑問文でなら自然に用いられますが、肯定文では用いられません。**((3a) のよ

うに very much なら肯定文でも使われる点については、後で述べます。）そのため、次のような肯定文での much の使用は、いずれも不自然なものです。

(4) a. *I need *much* water / milk / sand / sugar.
　　 b. *I have *much* money with me today.
　　 c. *I read *much*.
　　 d. *I did *much*.
　　 e. *I drank *much*（milk）.（cf. 1A）
　　 f. *I like it *much*.（=1C）
　　 g. *We studied English *much*.
　　 h. *We have *much* time.
　　 i. *Please take this medicine with *much* water.

肯定文では、たとえば次のように、much の代わりに a lot of, lots of, plenty of, a great deal のような表現が用いられます。

(5) a.　I need *a lot of* water / milk / sand / sugar.
　　 b.　I have *a lot of* money with me today.
　　 c.　We have *plenty of* / *a lot of* / *lots of* time.
　　 d.　I read *a lot* / *a great deal*.
　　 e.　I did *a lot* / *a great deal*.
　　 f.　We have studied English *a great deal*.

これに対して、否定文や疑問文で much を使うことには問題がありません。

(6) a.　I *don't* need *much* water / milk / sand / sugar.

b. I *don't* have *much* money with me today.（＝1B）
   c. We *didn't* study English *much*.
   d. I *didn't* read *much*.
   e. I didn't do *much*.
   f. I *didn't* drink *much* milk.

(7) a. *Did* you have *much* money with you（when you were robbed）？
   「強盗にあったとき、たくさんお金を持っていたのですか？」
   b. *Did* you study English *much*?
   c. *Do* you have *much* time?
   d. *Should* I take this medicine with *much* water?（cf. 1D）
   e. *Did* you drink *much* milk?

(6a-f),（7a-e）はまったく自然で、ネイティヴ・スピーカーが日常の会話でごく自然に使用するものです。ただ、(6a-f) の否定文と (7a-e) の疑問文を比べると、どちらかと言うと、much は否定文の方でより多く用いられるようです。あるネイティヴ・スピーカーは、たとえば、否定文の (6b) と疑問文の (7a) に関して、次のように言っています。「Much を伴う否定文は、ごく自然に用いられ、(6b)（＝ I don't have *much* money with me today.）の代わりに、もちろん I don't have *a lot of* money with me today. を使えますが、much を用いた (6b) の方が好まれるでしょう。一方、(7a)（＝ Did you have *much* money with you（when you were robbed）?）は、まったく自然な文ですが、私は、これよりは a lot of を用いた Did you have *a lot of* money with you（when you were robbed）? を使うでしょう。」

	否定文	疑問文	肯定文
much	◎	○	×

● Any や ever と共通の特性

　Much が、くだけた話し言葉で、肯定文では用いられず、否定文や疑問文では用いられることが分かると、any や ever のような表現と共通していることに気がつきます。Any や ever も、次に示すように、肯定文では用いられず、否定文や疑問文で用いられます（any や ever に関しては、次の第5章で詳しく考察します）。

(8)　a.　*I have *any* money.（肯定文）

　　　　　（cf. I have *some* money.）

　　b.　I don't have *any* money.（否定文）

　　c.　Do you have *any* money?（疑問文）

(9)　a.　*I have *ever* spoken to him.（肯定文）

　　b.　I haven't *ever* spoken to him.（否定文）

　　c.　Have you *ever* spoken to him?（疑問文）

Any は、(8b) のような否定文で、「少しも（...ない）」という意味を表わします。(8c) のような疑問文では、「いくらか（の）、少しは、いくらかでも」という意味を表わします。そして、この2つの文は、どちらも適格文です。一方、肯定文の (8a) は不適格で、any の代わりに some を用いなければいけません。また、ever は、(9b) のような否定文で、「今まで（一度も...したことがない）、決して（...ない）」という意味を表わし、(9c) のような疑問文で、「いつか、かって、これまでに」という意味を表わし、

この2つの文はどちらも適格文です。一方、肯定文の (9a) は不適格です。

　もちろん、any には、上のような意味に加え、肯定文で「どんな...でも」という意味を表わす用法があり、ever は、肯定文で強調を示し、「ずっと」という意味を表わす用法があり、次のような文は適格です。

(10) a.　You can choose *any* dictionary you like.
　　　　「好きな辞書をどれでも選べます。」
　　b.　They lived happily *ever* after.
　　　　「彼らはずっとその後、幸せに暮らした。」

```
―――― 肯定文で使える場合 ――――
any  ⇒ 「どんな...でも」
ever ⇒ 「ずっと」
```

そのため、any や ever の (10a, b) のような用法には注意する必要がありますが、それでも (8a), (9a) に示したように、any や ever が、疑問文（や否定文）で表わされるような意味では、肯定文で用いられないという事実は、much との共通性を示していて、興味深いものです。

● 形式ばった表現なら、much は可能

　Much は、上で触れたように、くだけた日常の話し言葉では、肯定文に用いられませんが、興味深いことに、形式ばった表現や堅い書き言葉の表現では、肯定文でも用いられます。たとえば、次の2文を見てみましょう。

(11) a. We have endured *much*.
「私たちは、多くのものを我慢してきました。」
b. We have endured *a great deal*.

(11a) の much を伴う肯定文は、形式ばった英語の表現としては適格です。たとえば、戦争が終わったときに、大統領か首相がこのように言うのは十分考えられますし、そのような場合なら、よりくだけた (11b) よりむしろいいぐらいだ、とあるネイティヴ・スピーカーは話してくれました。

同様に、much を伴う次の肯定文も、すべて形式ばった堅い表現なので、適格です。

(12) a. I have lived long and seen *much*.
「私は、長い間生きてきて、多くのものを見てきました。」
b. Now nearing 60 and not enjoying the best of health, Sheila has endured *much* over the last 27 years.（実例）
「シーラは、現在 60 歳に近づき、健康もすぐれなかったので、この 27 年間にわたり、多くのものに耐えて

c. Linguists have had *much* to say on that matter.
「言語学者は、その件に関して多くの事柄を言ってきた。」
d. We had *much* discussion and finally came to a conclusion.
「我々は多くの議論を重ね、ついに結論にたどり着いた。」

あるネイティヴ・スピーカーは、much を伴う (12c) を、a lot や a great deal を用いた次の文と比べ、(12c) の方が好まれると述べました。

(13) a. Linguists have said *a lot / a great deal* on that matter.
b. Linguists have had *a lot / a great deal* to say on that matter.

この点は、(12c) が形式ばった表現であり、そのような場合には、くだけた日常の会話で好まれる a lot や a great deal より、much の方がふさわしいということを示しています。

● Very much, so much, too much, much better 等なら可能

くだけた話し言葉では、much は、肯定文に単独で用いられたり、much＋名詞の形で用いられたりしませんが、本章の冒頭でも触れたように、次のように、very, so, too などを much につけて用いれば、問題なく許容されます。

(14) a. Thank you *very much / so much*.
（cf. *Thank you *much*.）

b. I like Mary *very much*.

c. I enjoyed the party *very much*.

d. Times have changed *so much* that we just don't have the need for a large ballroom anymore.（実例）
「時代が随分と変わったので、もう大きな舞踏場の必要はないのです。」

e. We will miss you *so much* when you leave here.

f. He eats / drinks *too much*.

また、much が、次のように形容詞や副詞の比較級等を強調して用いられる場合も、問題なく許容されます。

(15) a. I like fish *much better* than meat.

b. Mary is *much younger* than me.

c. This is *much more* beautiful.

d. I need *much more*.

● Many はどうか？

これまで、くだけた話し言葉では、much が肯定文では用いられないことを見てきましたが、many はどうでしょうか。Many も、much ほど明確ではありませんが、多くのネイティヴ・スピーカーの意見では、話し言葉では肯定文に many をあまり用いないとのことです。次の文を見てみましょう。

(16) a. ??/*Give me *many* candies.

b. ??/*I read *many* books last month.

c. ??John bought *many* apples at the market.

(16a, b) が日常のくだけた会話で用いられたとすると、多くのネイティヴ・スピーカーがこれらの文を不自然だと判断します。そして、私たちがこのような文を言うと、much の場合と同様に、「この人は外国人だな」と思われるでしょう。また、あるネイティヴ・スピーカーは、(16c) の文を、英語を母語としない人が言ったものか、あるいは古いおとぎ話で用いられた響きがあると述べ、日常の会話で用いられたとすると、極めて不自然であると指摘しました。したがって、(16a-c) は、日常の会話では、次のように a lot of を用いて表現されるのが普通です。

(17) a.　Give me *a lot of* candies.
　　 b.　I read *a lot of* books last month.
　　 c.　John bought *a lot of* apples at the market.

さらに次の文を見てみましょう（√は、無印と同様に、その文が適格であることを示します）。

(18) √ /?/??I have *many* friends in England.
　　　(cf. I have *a lot of* friends in England.)

この文も、会話で用いられたとすると、かなり不自然であると判断する人、多少不自然ではあるが、問題がないと判断する人など、判断が分かれます（特に、many にストレスを置けば、問題がないと判断する人もいます）。ただ、その人たちに共通していることは、書き言葉では、many を用いたこのような文が適格となりやすいという点です。それゆえ、たとえば次のようにして、話し手自身のことを述べるのではなく、他人のことを述べて、より形式ばった表現にすれば、極めて自然になります。

（19） The congressman has *many* friends among all social classes.

Much の場合と同様に、many も、so や too などと共に用いられると、くだけた話し言葉でも普通に用いられます。

(20) a. I read *so many* books last month.（cf. 16b）
　　 b. I have *so many* non-native speaker friends who say things like that.（実例）（cf. 18）
　　 c. She gave me *too many* candies.（cf. 16a）

(20b)は、(18)をかなり不自然だと判断した人が、その直後に私たちに言った表現ですが、(18)との対比でとても面白く感じられます。

ここで注意しておきたいことは、上でも指摘しましたが、many がくだけた話し言葉の肯定文で用いられないのは、much ほどはっきりとはしていないという点です。そのため、ネイティヴ・スピーカーの間で判断が揺れ、次のようなインターネットのウェブページからの実例をまったく自然だと判断する人もかなりいます。

(21) a. "There are *many* letters that are a little disturbing," he said.
　　 b. "I have received *many* letters from non-smokers, and even a few from smokers."

(16a-c)では、many が目的語の一部として用いられていますが、興味深いことに、many が次のように主語位置にあれば、(16a-c)とは異なり、まったく自然です。

(22) a. *Many* students came to the party last night.
　　b. *Many* people attended the ceremony.
　　c. *Many* babies were born that year.

(22a-c) は、日常の話し言葉で普通に用いられる文です。そして、many が主語位置にあれば自然であるという事実から、(21a)（= "There are *many* letters that are a little disturbing," he said.）をかなりの人が自然だと判断する理由が分かります。つまり、この文では、many letters that are a little disturbing が there 構文の（意味上の）主語になっています。さらに (18)（= √/?/??I have *many* friends in England.）や (21b)（= "I have received *many* letters from non-smokers, and even a few from smokers."）をかなりの人が自然だと判断するのは、これらの文が意味的に存在文として解釈されるためだと思われます。つまり、(18) は、「私は、イギリスにたくさんの友達がいる」、(21b) は、「私は、... 手紙を受け取っている」から分かるように、「友達」や「手紙」の存在を述べていると解釈されます。

　ただ、なぜ many に関して、目的語位置と主語位置で、そして存在文と非存在文でこのような違いがあるのか、残念ながら今のところ分かりません。

Any はどんな文に用いられるか？

第5章

● 肯定文か否定文か？

まず、次の文を見てみましょう。

(1) a. I have *some* money in the bank.
  b. I don't have *any* money in the bank.
(2) a. John bought *something* special for Mary.
  b. John didn't buy *anything* special for Mary.

(1a), (2a) は肯定文で、some money, something special のように、some, something が使われていますが、(1b), (2b) は否定文なので、any money, anything special のように、any, anything が使われています。このように、some は肯定文で用いられるのに対し、否定文では any が用いられるという点は、すでによく知られている事柄です。そのため、(1a), (2a) のような肯定文で any を用いたり、(1b), (2b) のような否定文で some を用いたりすると、次のように不適格となります。

(3) a. *I have *any* money in the bank.
  b. *I made *any* mistakes on the test.
(4) a. *I don't have *some* money in the bank.
  b. *I didn't make *some* mistakes on the test.

このように、some は肯定文で用いられ、any は否定文で用いられることから、some は「**肯定対極表現**」、any は「**否定対極表現**」というような用語で呼ばれています。そして、前者には他に、a few, a little, already, too（「〜もまた」）のような表現があり、後者には他に、at all（「少しも（...でない）」）、ever（「決して（...しない）」）、either（「〜もまた（...でない）」）、lift a finger（「〜するのに指一本貸そうとし（ない）」［例：He won't lift a finger to help me.］）のような表現があります。

---- 肯定対極表現 ----
some, a few, a little,
already, too, etc.

---- 否定対極表現 ----
any, at all, ever,
either, lift a finger, etc.

ここで、any に関して注意しておきたいことがあります。(3a, b) とは異なり、any が肯定文で用いられた次のような例は適格です（第4章の (10a) も参照）。

(5) a. You can choose *any* book you like.
　　 b. Come to see me *any* time.
　　 c. *Any* suggestion is welcome.

これらの例の any は、「どんな〜でも」という意味で、否定文での「少しも（...でない）」という意味とは異なります。(5a) は、「好きな本をどれでも取ってください」、(5b) は、「いつでも会いに来てください」、(5c) は、「どんな提案でも結構です」という意味で、まったく正しい英文です。この any の用法は、「与えられたもののどれを選んでもよい」というような意味から、「**フリーチョイス**」（自由選択）の用法と呼ばれていますが（この用

法に関しては、久野・高見(2004)『謎解きの英文法—冠詞と名詞』第5章を参照)、本章でこれから考察しようとしている any の意味は、これとは異なることに注意してください。

● 疑問文や条件文でも用いられる

ただ、any や ever のような表現が否定文で用いられ、「否定対極表現」であると言っても、これらが否定文だけでなく、次のように疑問文や条件文(条件節)でも用いられることは、よく知られています。

(6) a. Do you have *any* money in the bank? (疑問文)
　　b. Do you happen to know if they have *any* knowledge of classical music? (疑問文)
　　c. If you have *any* money in the bank, please give me some. (条件文)
(7) a. Have you *ever* eaten lamb? (疑問文)
　　b. If you *ever* come this way, be sure to come and see us. (条件文)
　　「もしこちらにおいでになることがあれば、ぜひともお立ち寄りください。」

Some が (1a), (2a) のように肯定文で用いられ、any や ever が (1b), (2b), (6a-c), (7a, b) のように、否定文、疑問文、条件文で用いられることから、高校生用のある英文法書には次のように書いてあります。

> (8) Some は肯定文で、any は否定文、疑問文、条件節で用いる。(ただし、肯定の答えを期待する疑問文(たとえば Would you like *some* coffee?)では some を用いる。)

● Any や ever は肯定文にも現われる

(8) の記述からすると、any(や ever)は肯定文には現われないということになりますが、実は、次のように肯定文にも現われます。

(9) a. It's doubtful that he *ever* said *anything* like that.
「彼がこれまでそのようなことを何か言ったかどうかは、疑わしい。」

  b. We were amazed to find that he had *any* money in the bank. (cf. 3a)
「私たちは、彼が銀行にいくらかお金を持っていたことが分かり、驚いた。」

  c. It would be stupid to make *any* mistakes on such an easy test. (cf. 3b)
「そんな簡単なテストで何か間違いをするなんて馬鹿だ。」

  d. He hid the document before *anyone* came into the room.
「彼は、誰かが部屋に入ってくる前にその書類を隠した。」

(9a-d) が、否定文、疑問文、条件文ではなく、肯定文であるこ

とは明らかです。それにもかかわらず、これらの文では any や ever が用いられており、まったく正しい英文です。いったい、これはなぜでしょうか。Any のような否定対極表現は、いったいどのような文で用いられるのでしょうか。本章ではこの謎を解くことにします。

> It's doubtful that he *ever* said *anything* like that.

> 「any や ever は肯定文でも用いられるんだ！」

● 否定文と疑問文の共通要素は何か？

まず、次の3つの文を見てみましょう。

(10) a. John bought *something* special for Mary.（=2a）
  b. John didn't buy *anything* special for Mary.（=2b）
  c. Did John buy *anything* special for Mary?

肯定文は一般に、その文の表わす内容（命題）が正しいと述べる文で、(10a) の肯定文は、「ジョンがメアリーに何か特別なものを買った」という内容が「真」であると述べています。それに対し、否定文や疑問文は、その文の表わす内容が正しいと述べるものではありません。(10b) の否定文は、「ジョンがメアリーに何か特別なものを買った」という内容が、むしろ「偽」であると述べ、(10c) の疑問文は、その内容が「真」か「偽」かを尋ねてい

るだけで、「真」であるとも「偽」であるとも述べていません。したがって、否定文と疑問文は、ともにその文の表わす内容が正しいということを述べていないという点で、つまり、《非肯定》という点で共通しています。そして、この《非肯定》の文脈で、any や ever が現われると考えられます。

《肯定》と《非肯定》という概念は意味的なものなので、たとえば、形の上では次のように「疑問文」でも、話し手がその文の表わす命題を肯定的に捉えておれば、《肯定》になります。

(11) a. Why not take a break? 〔肯 定〕
「休憩したらどう？（休憩した方がいいよ。）」
b. Why don't you / we take a break? 〔肯 定〕
「休憩したらどう？／休憩しませんか？
（休憩しましょう。）」

(11a, b) の Why not . . . ?, Why don't you / we . . . ? は、提案、勧誘を表わす表現で、話し手は聞き手に「休憩をした方がいい／休憩しましょう」と述べています。つまり、《肯定》です。

そのため、このような表現では、次のように anything を用いると不適格になります。

(12) a. *Why not buy *anything* special for Mary? 〔肯 定〕
「メアリーに何か特別なものを買ったらどうか
（買うべきだ）。」
b. *Why don't you tell him *anything* about her? 〔肯 定〕
「彼女のことを何か彼に言ったらどうですか？
（言うべきだ）」

（12a, b）では、「メアリーに何か特別なものを買うべきだ」、「彼女のことを何か彼に言うべきだ」という、話し手の《肯定》的意味合いが伝達されているので、anything が用いられると不適格になります。そのため、これらの文は次のように something を用いて表現しなければいけません（【付記１】を参照）。

(13) a.　Why not buy *something* special for Mary?
　　 b.　Why don't you tell him *something* about her?

（11a, b）の Why not . . . ?, Why don't you / we . . . ? のような《肯定》の意味合いをもつ文に対して、次の「why + 動詞の原形」を用いた文は、否定、つまり《非肯定》の意味合いをもっています。

(14)　　Why go out in this weather?　**非肯定**
　　　　「こんな天気なのに出かけるのかい？
　　　　（出かけない方がいいよ。）」

(14) は、「なぜ～するのか（～しない方がいい）」という意味を表わす表現で、聞き手が出かけることを話し手はよくないと考え、「出かけるべきではない」と述べています。つまり、《非肯定》です。そのためこの表現では、次のように anything が用いられます。

(15) a.　Why buy *anything* special for Mary?　**非肯定**
　　　　「どうしてメアリーに何か特別なものを買うのか？
　　　　（買うべきでない）」
　　 b.　Why tell him *anything* about her?　**非肯定**
　　　　「どうして彼女のことを何か彼に言うのか？

(言うべきでない)」

(15a, b) では、「メアリーに何か特別なものを買うべきでない」、「彼女のことを何も彼に言うべきでない」という、話し手の《非肯定》的意味合いが伝達されているので、anything が現われます。

> Why not buy *something* special for Mary? 肯定
>
> Why buy *anything* special for Mary? 非肯定

以上のように考えると、次の違いも明らかです。

(16) a. Do you have *any* questions? 非肯定
b. Would you like *some* more coffee? 肯定 (cf. 8)

(16a) は、話し手が聞き手に何か質問があるかと尋ねているだけで、聞き手に質問があるとも、ないとも想定していません。つまり、《非肯定》の文脈なので、any が用いられています。それに

対し(16b)は、話し手が、聞き手がもっとコーヒーを飲みたいだろうと想定している、《肯定》の文脈なので、some が用いられています。ただ、実際には、話し手は聞き手がもっとコーヒーを飲みたいだろうと思ってはいないかもしれません。しかし、「私はあなたがもっとコーヒーをお飲みになりたいだろうと思っています」というメッセージを聞き手に伝えることによって、聞き手は「はい、それでは、もう一杯お願いします」と言いやすくなるので、こういう想定をするほうが、any を使って「もっとコーヒーをお飲みになりたいかどうか知りませんが、もう一杯お飲みになりますか」と聞くより、聞き手に対して丁寧な質問になります。

● 条件文や before 節も《非肯定》

次の条件文を見てみましょう。

(17) a. If you have *any* money in the bank, please give me some. (=6c)
　　 b. If you *ever* come this way, be sure to come and see us. (=7b)
(18) a. If I had *any* money, I would buy it immediately.
　　 b. If I'd *ever* seen *anything* like that, I'd have reported it to the police.

(17a, b) の if 節は、「あなたが銀行にお金をもっていたら」、「あなたがもしこちらにおいでになることがあれば」と述べているだけで、話し手は、聞き手が銀行にお金をもっているとも、もっていないとも述べていないし、聞き手がこちらに来ることがあるともないとも述べていません。つまり、条件節は、その表わす内容が「真」であるとも「偽」であるとも述べていない、《非肯定》

なので、any や ever が用いられます。((17a) で、any を some にして、If you have *some* money in the bank, ... と言うことができますが、この場合は、(16b) (=Would you like *some* more coffee?) で見たように、《肯定》の文脈なので、聞き手が銀行にお金をいくらかもっているという、肯定の状況を話し手が想定しています。) また、(18a) の if 節は、現在の事実に反する仮定を、(18b) の if 節は、過去の事実に反する仮定を表わす条件節なので、話し手は自分が、「お金をもっていない」、「そのようなものをこれまで見ていない」と想定しています。つまり、これらの条件節も《非肯定》の意味合いをもっているので、any や ever が用いられます。

次の文の適格性の違いも同様に説明できます。

(19) a. John left the party *before anyone* talked to him. (cf. 9d)
「誰かが話しかける前に、ジョンはパーティーを退席した。」

b. *John left the party *after anyone* talked to him.
「誰かが話しかけた後で、ジョンはパーティーを退席した。」

(19a) の before 節は、「誰かがジョンに話しかける前に（彼はパーティーを出た）」から分かるように、「誰もジョンに話しかけなかった」という、《非肯定》の意味合いをもっています。よって、anyone が用いられます。一方、(19b) の after 節は、「誰かがジョンに話しかけた後で（彼はパーティーを出た）」から分かるように、「誰かがジョンに話しかけた」という、《肯定》の意味合いをもっています。よって、anyone が用いられると不適格になります。

● 「疑い、驚き、禁止、回避、否認」などを表わす節も《非肯定》

　以上のことが分かると、形の上では肯定文であっても、次のような文になぜ any や ever が現われるか明らかとなります。

(20) a.　It's *doubtful* that he *ever* said *anything* like that. (=9a)
　　　　「彼がこれまでそのようなことを何か言ったかどうかは、疑わしい。」
　　b.　I *doubt* that he'll *ever* fully recover his health.
　　　　「彼が完全に健康を取り戻すかどうか疑問である。」
　　c.　She expressed strong *doubt* that he *ever* said *anything* like that.
　　　　「彼女は、彼がこれまでそのようなことを何か言ったとはとても思えないという強い不信の念を表わした。」

(20a) は、「彼がこれまでそのようなことを言ったかどうかは疑わしい」と述べ、そのようなことを言ったとも、言ってないとも言明しない、《非肯定》を表わしているので、ever や anything が用いられます。同様に (20b) は、「彼が完全に健康を取り戻すかどうか疑問である」と述べ、健康を取り戻すとも、取り戻さないとも言明しない、《非肯定》を表わすため、ever が用いられます。また (20c) も、「彼がこれまでそのようなことを何か言ったとは思えない」という否定、つまり《非肯定》の意味合いを述べているので、ever や anything が用いられます。ここで、(20a) の doubtful は形容詞、(20b, c) の doubt は、それぞれ動詞と名詞ですが、このように「疑い」を表わす単語がどのような品詞で用いられても、《非肯定》となるので、any や ever が用いられ、この点は以下の議論にも当てはまります。

さらに次の文を見てみましょう。

(21) a. We were *amazed* to find that he had *any* money in the bank. (=9b)
「私たちは、彼が銀行にいくらかお金を持っていたことが分かり、驚いた。」

b. It would be *stupid* to make *any* mistakes on such an easy test. (=9c)
「そんな簡単なテストで何か間違いをするなんて馬鹿だ。」

c. The police *kept* him from calling *anyone* before he was released.
「警察は、彼が釈放されるまで誰かに電話をかけさせないようにした。」

d. We tried to *avoid any* further meetings.
「私たちはさらなる会議を行なわないようにした。」

e. The criminal *denies* that he *ever* said *anything* like that.
「犯人は、そのようなことはこれまで何も言っていないと否認している。」

(21a) は、「彼が銀行にいくらかお金をもっていたことに驚いた」と述べており、話し手たちは、彼が銀行にお金をもっていないと思っていたという、《非肯定》の意味合いを伴っています。同様に (21b) でも、「そんな簡単なテストで間違いをするのは馬鹿だ」というのは、話し手がそんな簡単なテストでは誰も間違いをしないと思っており、《非肯定》の意味合いがあるので、any が現われます。Amase や stupid のように、「驚き」や「好ましくない評価」を表わす単語の他の例として、astonish, shock, surprise;

absurd, foolish, ridiculous, silly, unwise などがあり、これらの語も any や ever のような否定対極表現を伴うことができます。

次に (21c) は、警察が彼に電話をかけさせないようにしたという、「禁止」を表わしており、《非肯定》なので、anyone が生じます。そして (21c) の keep from 以外にも、stop, ban, hinder, prevent, prohibit などは同じ振る舞いをします。さらに (21d) は、「私たちはさらなる会議を行なわないようにした」という、「回避」を示す文で、《非肯定》を表わすため、any が生じます (decline, fail, forget, neglect, refrain, omit なども、avoid と同じ振る舞いをします)。また (21e) の「否認」を表わす表現についても同じことが言え、deny, reject などは否定対極表現を伴うことができます。

● 《非肯定》を表わす前置詞や only, rather than

次の文の適格性の違いも同様に説明できます。

(22) a. She recited the long poem *without any* difficulty.
   「彼女は、何の困難もなくその長い詩を朗読した。」
   b. *She recited the long poem *with any* difficulty.
   「彼女は、苦労しながらその長い詩を朗読した。」

(23) a. I argued *against* planting *any* trees there.
   「私は、そこに木を植えることに反対する意見を述べた。」
   b. *I argued *for (in favor of)* planting *any* trees there.
   「私は、そこに木を植えることに賛成する意見を述べた。」

(22a) の without は、「(何の困難も) なく」という否定、つまり

《非肯定》を表わしますが、(22b) の with は、「(困難を) 伴って」という肯定を表わします。よって、without は any をとりますが、with は any をとることができません。同様の違いが、(23a, b) の against と for (in favor of) についても言えます。

さらに次の文を見てみましょう。

(24) a. *Only then* did she drink *any* water.
  b. John is the *only one* who can walk *any* farther.

(24a) は、「そのとき初めて彼女は水を飲んだ」という意味で、「それまでは彼女は水を飲まなかった」という、《非肯定》の意味合いがあります。また、(24b) も、「ジョンはさらに歩くことができる唯一の人だった」という意味から、「他の人はもう歩けない」という、《非肯定》の意味合いをもっています。そのため、any がこれらの文に現われます。((24a) では、only が否定的意味合いをもっているため、did she と「主語・助動詞倒置」が起こっていることにも注意してください。*Only then she drank any water. は不適格です (第9章参照)。)

ここで、次の2文を比べてみましょう。

(25) a. *Of the ten boys who showed up, two had *any* rain gear.
  b. Of the ten boys who showed up, *only* two had *any* rain gear.
    「やってきた10人の少年のうち、2人だけが雨具を持っていた。」

(25a) は、「やってきた10人の少年のうち、2人が雨具を持っていた」という意味から、当然、残りの8人は雨具を持っていなかったという、否定的意味合いが読みとれます。しかし、それに

もかかわらず、any を用いたこの文は不適格です。Any が用いられるためには、(25b) のように only を入れて、「2 人だけが雨具を持っていた」とし、残りの 8 人が雨具を持っていなかったことを容易に推測させる要素の存在が必要です。つまり、any が現われるのは、これまで見てきたように、疑いや禁止、否認を表わす動詞、形容詞、名詞 (doubt, doubtful, keep from, deny など) や without, against, only のような《非肯定》を示す要素が文中に明示的に用いられている場合であることに注意してください。

最後に、次の文を見てみましょう。

(26) a. I will simply describe what is going on here *rather than* assuming that there exist *any* systematic constraints. (実例)
「何らかの体系的な制約が存在するとは仮定しないで、私はここで単に何が起こっているかを記述するに留めます。」
b. I'd *rather* stay home and watch TV *than* go *anywhere*.
「私はどこかへ行くより、家にいてテレビでも見ていたい。」

これらの文の rather than も、「~をしないで~をする」という否定的意味合いをもっているので、than 以下に any, anywhere が現われることになります。

【まとめ】

本章での以上の考察をここでまとめておきます (【付記 2】を参照)。

肯定対極表現（some, a few, a little, already 等）は、話し手が、その文の表わす内容（命題）が真であると述べる、《肯定》の文脈で用いられ、「否定」対極表現（any, few, either, lift a finger 等）は、話し手が、その文の表わす内容（命題）が真であるとは想定しない、《非肯定》の文脈で用いられる。

コラム④

場面にふさわしい言葉遣い（1）

　それぞれの場面や状況にふさわしい言葉を使うことは、日本語でも難しいものですが、英語となると、きわめて難しいものになります。そう言うと、英語には、日本語と違って敬語も男女の言葉遣いの違いもなく、目上と目下の人に対する言葉遣いの違いもないと思われる方があるかも知れません。また、話し言葉と書き言葉でそんなに違いもないと思われる方があるかも知れません。しかし、そうではありません。

　ある文法書に次のような興味深い記述があります（*The Cambridge Grammar of the English Language*, 2002, p. 800）。普通の会話では、たとえゆっくりとした注意深い言い方でも、（1a-c）のような短縮形を用いるのが自然であり、短縮形でない（2a-c）を用いるのは、普通でないだけでなく、極めて不自然だというものです。

(1) a. I don't think so.
　　b. Don't worry.
　　c. I won't be long.
　　　「すぐに戻ってきます。」
(2) a. I do not think so.
　　b. Do not worry.
　　c. I will not be long.

そして、（2a-c）のような言い方は、たとえば、映画などで宇

宙人がしゃべったりする不自然な英語を強調するような場合に使われると述べています。つまり、ネイティヴ・スピーカーは、日常の会話では（2a-c）を用いず、（1a-c）のような短縮形を用いるというわけです。

　日本の英語教育では、まず（2a-c）のような完全な形が教えられ、その後で、（2a-c）は（1a-c）のように短縮されると教えられるのが一般的です。そして、スタイルの違いや、書き言葉と話し言葉の違いについては特に教えられないまま、短縮されない完全な形の方が丁寧な表現ではないかなどと思ってしまいかねません。そのため、この文法書の指摘は重要なものだと思われます。

　上の記述をあるアメリカ人に話したら、「その通りですね」と言い、たとえばある人が会話で（2a-c）のような表現を用いると、すぐさまその人は英語のネイティヴ・スピーカーではないことに気づくと言っていました。

　そのネイティヴ・スピーカーがこんな話をしてくれました。10代のころ、アフリカのガーナに同じく10代のペンパルがいて、文通をしていたそうです。そして、お互いに相手の国で自分なら何が欲しいかを知らせることになり、ガーナのペンパルが送ってきてくれた手紙は、次の（3）のようなwantを用いた表現でいっぱいだったそうです。

(3)　　I *want* this. I *want* that.

この話をしてくれたネイティヴ・スピーカーは、（3）のような表現のリストを見て、彼は本当に不作法で厚かましいと思い、結局、文通をやめてしまったそうです（"I thought he was really rude and demanding, and in fact cut off the correspondence.")。そして何年も経ってからやっと、彼は、このような状況で普通に用いられる丁寧表現が、次の（4）であるというような考えはまったく持ち合わせていなかったのだなと気がついた、と話してくれました（"Only many years later did I realize that he had no idea that the normal, polite way to say this was the following. Poor guy."）。

（4）　　I *would like* this.

　この話を聞き、私自身、このガーナの人と同じように、場面をわきまえず、直接的な（3）のような表現を用いてしまうのではないかなと思いました。読者のみなさんはいかがでしょうか。（高見筆）

A Few と Few（1）
―「肯定」と「否定」―

第6章

● 「数人いる」と「数人しかいない」

　仮に、話し手にはロンドンに友達が数人いるとしましょう。このとき、話し手はこの点を次のどちらの文を使っても表現できます。

(1) a. I have *a few friends* in London.
　　　「私はロンドンに友達が数人<u>いる</u>。」
　　b. I have *few friends* in London.
　　　「私はロンドンに友達が数人<u>しかいない</u>。」

つまり、(1a) のように a few を用いて、「友達が数人いる」と肯定的に言うことも、(1b) のように few を用いて、「友達が数人しかいない」と否定的に言うこともできます。しかし、どちらの文を用いても、ロンドンに友達が数人いることには変わりがありません。
　しかし、次の談話を見てください。

(2) a. I have *a few friends* in London, so I'll introduce them to you when you go there.
　　b. *I have *few friends* in London, so I'll introduce them to you when you go there.

「ロンドンにいる数人の友達を、聞き手がロンドンに行くなら紹介しましょう」という場合、(2a) のように、a few friends を用いれば適格となりますが、(2b) のように、few friends を用いれば不適格です。これはいったい、なぜでしょうか。一見、few friends を使って、「友達が数人しかいない」と否定的に言うときには、その数人の友人を they/them という代名詞で指すことができない、という規則があって (2b) が不適格になる、と説明できるように思われるかもしれません。しかし、次の文が適格文であることは、few friends でも they で指せることを示しています。

(3) a. I have *few friends* in London, and *they* are all very busy. So I can't introduce them to you when you go there.
「私はロンドンに友達が数人しかいませんが、彼らはみんな忙しくしています。それで、あなたがロンドンへ行っても、彼らを紹介することができません。」
b. *Few colleagues of mine* showed up at the party and *they* all left very early.
「私の同僚のほとんどはパーティーに顔を出さず、やってきた同僚もみんな早く帰ってしまった。」

ですから、(2b) の不適格性には、この文に few friends を指すのに they/them が用いられていることとは無関係の理由があるに違いありません。

● 「数人いる」から「紹介できる」

私たちは『謎解きの英文法—冠詞と名詞』（第4章）で、a few が「3〜5あたりの数を下限として、話し手が期待値、基準値よ

り少ないと考える数を表わす」ことを示しました。(1a) の場合、外国の都市にそれほどたくさん友達を持っているということはまれでしょうから、この「期待値、基準値より少ないと話し手が考える数」を「数人」ということにしましょう。そうすると、(1a) は、「私はロンドンに友達を、期待数、基準数よりは少ないけれども、数人持っている」という意味を表わします。ここで大切なことは、(1a) が「数人持っている」という《肯定文》であることです。他方、few は、「話し手が期待値、基準値より少ないと考える数を除いてはゼロ」という意味です。したがって、(1b) は、「私はロンドンに友達を期待数、基準数より少ない数人を除いては、一人も持っていない」という意味になります。ここで大切なことは、この文が「一人も持っていない」という《否定文》であることです。ここで上の観察をまとめておきましょう。

(4)《A Few と Few の共通点と相違点》

a. 共通点：いずれも、話し手が期待値、基準値よりも小さいと考える数を表わす。
b. a few はその数の事物が存在することを強調する。
c. few はその数を除いては、問題の事物が1つも存在しないことを強調する。

ここで、(2a, b)（以下に再録）を見てみましょう。

(2) a. I have *a few friends* in London, so I'll introduce them to you when you go there.
　　b. *I have *few friends* in London, so I'll introduce them to you when you go there.

(2a) と (2b) はいずれも、前半の文が「理由」を表わし、後半の文がその理由に基づく結果を示すことを意図しています。(2a) では、「ロンドンに友達が<u>いる</u>」から紹介しよう、と述べています。この理由と結果との間には、何も矛盾がありません。(2a) が適格なのはこのためです。他方 (2b) は、「ロンドンに友達が<u>いない</u>」から紹介しようと述べています。この理由と結果の関係は、矛盾しています。(2b) が不適格なのは、このためです。

それでは、(3a)（以下に再録）が適格な文連続なのはなぜでしょうか。

(3) a. I have *few friends* in London, and *they* are all very busy. So I can't introduce them to you when you go there.

この文連続も、「ロンドンには友達が<u>いない</u>」から「友達を紹介することが<u>できない</u>」という「理由」と「結果」を表わす論理構造になっています。そのため、この理由と結果の間には、何も矛盾がないので、(3a) が適格となります。そして、and they are all very busy は、「数人を除いては」という「但し書き」の部分についての「注」のような機能を果たしているものと考えられます。

(4) に示した a few と few の違いは、日本語の「だけ」と「しか」の違いと非常に類似しています。次の２つの文を比較してみましょう。

(5) a. 毎月３０万円<u>だけ</u>収入が<u>ある</u>。
     b. 毎月３０万円<u>しか</u>収入が<u>ない</u>。

直感的に、(5a) も (5b) も収入が月３０万円というのは小額である、という意味合いがあると感じられます。これが、a few/few

と「だけ／しか」の第１の類似点です。次にやはり直感的に、(5a) では、小額でも、その収入があることを強調している文である、という感じがします。他方 (5b) は、その小額を除いては収入がないことを強調する文である、という感じがします。これが、a few/few と「だけ／しか」の第２の類似点です。この「だけ」と「しか」の直感的に感じられる相違は、次のような文の適格性の違いによって、「だけ」と「しか」の意味機能の相違を正確にとらえているものであることが証明されます。

　(6)　普通の生活をするには
　　　a.　毎月３０万円だけ収入があればよい。
　　　b.＊毎月３０万円しか収入がなければよい。

「Ｓ（節）ればよい」という表現は、「Ｓという条件が満たされれば十分である」ことを表わす構文です。(6) は普通の生活をするのに、毎月の収入がいくらであれば十分であるか、ということを述べるものです。(6a) は、小額でも３０万円あれば十分である、と述べています。この陳述には、何の問題もありません。他方 (6b) は、小額３０万円以外に収入がなければ十分である、と述べています。普通の生活をするには、４０万円あっても５０万円あってもよいわけですから、３０万円以外に収入がなければよい、というのは、事実に反する陳述です。(6b) が不適格なのは、この理由によります。(6a) の適格性、(6b) の不適格性に基づいて、「だけ」と「しか」の共通点と相違点を次のように公式化することができます。

> **(7)《「だけ」と「しか」の共通点と相違点》**
>
> a. 共通点：いずれも、話し手が小さいと考える数、値を表わす。
> b. 「だけ」は、その小さい数、値で、陳述が成立すること（肯定性）を強調する。
> c. 「しか」は、その小さい数、値を除いては、陳述が成立しないこと（否定性）を強調する。

(4) に述べた a few と few との共通点、相違点、(7) に述べた「だけ」と「しか」の共通点、相違点が極めて類似していることに注意してください。

● 「数人しかいない」ので「紹介してください」

以上のことが分かると、次の談話の適格性の違いも同様に説明できます。

(8) a. *I have *a few friends* in London, so could you introduce to me some of your friends when I go there?
b. I have *few friends* in London, so could you introduce to me some of your friends when I go there?

(8) の前半は、「友達を紹介してください」と頼む理由を述べる文です。「自分に友達が<u>いない</u>」というのは紹介を依頼する妥当な理由になりますが、「自分に友達が<u>いる</u>」というのは、紹介を依頼する妥当な理由になりません。

(9) a. *ロンドンに友達が一人いるので、あなたの友達を紹介してください。
    b. *ロンドンに友達が数人いるので、あなたの友達を紹介してください。
(10) a. ロンドンに友達が一人もいないので、あなたの友達を紹介してください。
    b. ロンドンに友達が数人しかいないので、あなたの友達を紹介してください。

(8a) は、(9b) に示したように、「友達が数人いる」という肯定文ですから、すでに友達がいるのなら、わざわざ聞き手に紹介してくださいと頼む理由になりません。よって、この文は不適格です。一方 (8b) は、(10b) に示したように、「友達が数人しかいない」という否定文ですから、友達がいないので聞き手に紹介してくださいと頼む理由になります。よって、この文は適格です。このように、ここでも、a few が肯定、few が否定という点が、(8a, b) の適格性の違いの原因になっています。

A little と little

A little と little についても同じことが言えます。次の談話を見てください。

(11) a. Since I have *a little money*, I'll go shopping this afternoon.
b. *Since I have *little money*, I'll go shopping this afternoon.
(12) a. *Since I have *a little money*, I won't go shopping this afternoon.
b. Since I have *little money*, I won't go shopping this afternoon.

(11)で、「午後買物に行く」ための理由を述べるとすれば、当然、「お金が（少しでも）ある」と肯定で述べなければなりません。「お金が（ほとんど）ない」と否定文で述べると、お金がなければ、買物に行けませんから、(11b)は不適格です。つまり、I have a little money が、「お金が（少し）ある」という《肯定文》であり、I have little money が、「お金が（ほとんど）ない」という《否定文》であることが、(11a)を適格、(11b)を不適格にしています。

一方、(12)では、「午後買物に行かない」ための理由を述べているので、当然、「お金がないから」と否定で述べなければなりません。「お金が（少しでも）ある」と肯定文で述べれば、買物に行けますから、(12a)は不適格です。したがって、ここでも、a little が肯定、little が否定を表わすという点が、(12a, b)の適格性の違いの原因になっています。

● 《肯定》と《否定》で生じる違い ― 付加疑問

A few, a little が肯定を表わし、few, little が否定を表わすために、さらにいくつかの興味深い違いが生じます。まず、付加疑問文について見てみましょう。

(13) a.　They speak French, don't they?
　　 b.　They don't speak French, do they?

(13a) では、They speak French が肯定文ですから、「助動詞 do の否定短縮形＋代名詞主語 they」を後ろにつけ、(13b) では、They don't speak French が否定文ですから、「助動詞 do ＋代名詞主語 they」を後ろにつけます。この点は、読者の方々はもうよく御存知のことと思います（第１章参照）。

それでは、この点を踏まえて次の例を見てみましょう。

(14) a.　You have *a few* friends around here, { *do / don't } you?
　　 b.　You have *few* friends around here, { do / *don't } you?

(15) a.　You have *a little* money in the bank, { *do / don't } you?
　　 b.　You have *little* money in the bank, { do / *don't } you?

(14a) では a few が用いられ、「あなたは、この辺りに友だちを数人持っている」という肯定文なので、付加疑問の形は否定の don't you となり、do you とはなりません。一方、(14b) では few

が用いられ、「あなたは、この辺りに友だちを数人しか持っていない」という否定文なので、付加疑問の形は肯定の do you となり、don't you とはなりません。(15a, b) でも同様で、(15a) では a little が用いられた肯定文なので、付加疑問の形は否定の don't you となり、(15b) では little が用いられた否定文なので、付加疑問の形は肯定の do you となります。

● 《肯定》と《否定》で生じる違い ─ 肯定／否定対極表現

2つ目の違いとして、まず次の文を見てください。

(16) a. I have {*some* / *any} money with me today.

「私は今日、お金をいくらか／*少しも持っている。」

b. I *don't* have {*some / *any*} money with me today.

「私は今日、お金を*いくらか／少しも持っていない。」

(16a) は肯定文なので some が用いられ、(16b) は否定文なので any が用いられています（第1章、第5章参照）。そして、some は「**肯定対極表現**」、any は「**否定対極表現**」と呼ばれています。日本語の「いくらか」と「少しも」も同じで、「いくらか」は肯定文（や疑問文）で用いられ、「少しも」は否定文で用いられます。「少しも」以外にも、「めったに (...しない)」、「ぜんぜん (...しない)」、「(水) しか (飲めない)」などの表現も否定文で用いられ、否定対極表現と呼ばれています。

この点をもとに、次の例を見てください。

(17) a. *A few* of the participants showed $\begin{Bmatrix} some \\ *any \end{Bmatrix}$ interest in the proposal.
「参加者の何人かが提案に興味を示した。」

b. *Few* of the participants showed $\begin{Bmatrix} *some \\ any \end{Bmatrix}$ interest in the proposal.
「参加者のほとんど誰も提案に興味を示さなかった。」

(18) a. *A little* of the gas leaked $\begin{Bmatrix} somewhere \\ *anywhere \end{Bmatrix}$.
「そのガスが少しどこかに漏れた。」

b. *Little* of the gas leaked $\begin{Bmatrix} *somewhere \\ anywhere \end{Bmatrix}$.
「そのガスはほとんどどこにも漏れなかった。」

(17a) は a few が用いられた肯定文なので、肯定対極表現の some が用いられ、否定対極表現の any は用いられません。一方、(17b) は few が用いられた否定文なので、否定対極表現の any が用いられ、肯定対極表現の some は用いられません。(18a, b) も同様で、(18) は a little が用いられた肯定文なので、肯定対極表現の somewhere が用いられ、(18b) は little が用いられた否定文なので、否定対極表現の anywhere が用いられています。

● 《肯定》と《否定》で生じる違い ― 動詞句削除

3つ目の違いとして、まず次の文を見てください。

(19) a. John plays soccer, and Mike *does, too*.

b. Jim *doesn't* play soccer, and Tom *doesn't, either*.

(19a) は、「ジョンはサッカーをし、マイクもする」という意味で、(19b) は、「ジムはサッカーをせず、トムもしない」という意味ですが、ともに第2文の助動詞の後ろは、動詞句の play soccer（「サッカーをする」）が削除されています。そしてこのような動詞句が削除される現象を、「**動詞句削除**」（VP-Deletion）と呼びます。ただ、(19a) の第2文は、「マイク<u>も</u>（サッカーを）<u>する</u>」という肯定文なので、Mike does, too となり、(19b) の第2文は、「トム<u>も</u>（サッカーを）<u>しない</u>」という否定文なので、Mike doesn't, either となります。

　この点をもとに、次の例を見てください。

(20) a.　John has *a few* friends around here, and Bill *does, too*.
　　b. *John has *few* friends around here, and Bill *does, too*.
(21) a.　John has *a little* money in the bank, and Bill *does, too*.
　　b. *John has *little* money in the bank, and Bill *does, too*.

(20a) は、a few が使われて、「ジョンはこの辺りに友達が数人いて、ビルもまたこの辺りに友達が数人<u>いる</u>」という肯定文ですから、第2文は動詞句の have a few friends around here が削除され、Bill does, too となります。一方 (20b) は、few が使われ、「ジョンはこの辺りには友達がほとんどいないし、ビルもこの辺りには友達がほとんど<u>いない</u>」という否定文ですから、第2文を Bill does, too とすることはできません。(21a, b) も同様で、(21a) は、「ジョンはお金を少し持っており、ビルもお金を少し持って<u>いる</u>」という肯定文ですから、第2文は Bill does, too となりますが、(21b) は、「ジョンはお金をほとんど持っておらず、ビルもお金

をほとんど持っていない」という否定文ですから、第2文は Bill does, too とはなりません。

(20b),(21b) の意図する意味を表わすには、次のように言わなければなりません。

(22) a.　John has *few* friends around here, and Bill *doesn't, either*.
　　 b.　John has *little* money in the bank, and Bill *doesn't, either*.

(22a) の第2文は、「ビルもこの辺りには友達がほとんどいない」という否定文ですから、(19b) と同様に、Bill doesn't, either となります。また (22b) の第2文も、「ビルもお金をほとんど持っていない」という否定文ですから、Bill doesn't, either となります。

(20b),(21b) の意図する意味は、(22a, b) のように動詞句全体を削除するのではなく、もちろん次のように、動詞句を明示したり、あるいはその一部だけを明示することによっても示せます。ただ、どの文を用いるにせよ、否定文ですから、doesn't と either が用いられることには変わりがありません。

(23) a.　John has *few* friends around here, and Bill *doesn't* have many（friends around here）, *either*.
　　 b.　John has *little* money, and Bill *doesn't* have much（money）, *either*.

● 《肯定》と《否定》で生じる違い ― so / neither

A few / A little と few / little の最後の違いとして、まず次の文を見てください。

(24) a. John plays the piano, and *so* does Bill.
   b. Mary doesn't play the guitar, and *neither* does Susan.

(24a) の第2文は、「ビルもそうする（ピアノを弾く）」という肯定文ですから、so does Bill となります。一方、(24b) の第2文は、「スーザンもそうしない（ギターを弾かない）」という否定文ですから、neither does Susan となります（第1章参照）。

　この点をもとに、次の例を見てください。

(25) a. John made *a few* mistakes, and $\begin{Bmatrix} so \\ *neither \end{Bmatrix}$ did Bill.

   b. John made *few* mistakes, and $\begin{Bmatrix} *so \\ neither \end{Bmatrix}$ did Bill.

(26) a. John knows *a little* about cooking, and $\begin{Bmatrix} so \\ *neither \end{Bmatrix}$ does Bill.

   b. John knows *little* about cooking, and $\begin{Bmatrix} *so \\ neither \end{Bmatrix}$ does Bill.

(25a) の第1文では a few が用いられ、第2文は、「ビルも間違いをいくつかした」という肯定文ですから、so did Bill となります。一方、(25b) の第1文では few が用いられ、第2文は、「ビルも間違いをほとんどしなかった」という否定文ですから、neither did Bill となります。(26a, b) も同様です。(26a) の第1文では a little が用いられ、第2文は、「ビルも料理を少し知っている」という肯定文ですから、so does Bill となります。一方、(26b) の第1文では little が用いられ、第2文は、「ビルも料理をほとんど知らない」という否定文ですから、neither does Bill とな

ります。

(25b), (26b) は、(23a, b) と共通しますが、次のように表現することもできます。そして、ネイティヴ・スピーカーの中には、(25b), (26b) の neither を用いる表現より、次の (27a, b) の方がより自然だと感じる人がいます。

(27) a. John made few mistakes, and Bill didn't make many, either.
　　 b. John knows little about cooking, and Bill doesn't know much, either.

● 否定の意味をもつ表現

以上、この章では、a few, a little が肯定を表わすのに対し、few, little が否定を表わすことから生じるさまざまな違いを観察しました。Few, little は、形の上では、not や no がないので否定のように見えませんが、意味上、否定を含んでいるわけです。このように、形の上では否定でなくても、意味上、否定である表現には、他に hardly, seldom, rarely, scarcely, barely, only などがあります（これらの表現は、第8章、第9章でさらに考察します）。最後に、これらの表現を例にして、上で見た4つの現象の適格性を次に示しておきます。

(28) **付加疑問文**

John *seldom* goes out these days, $\begin{Bmatrix} does \\ *doesn't \end{Bmatrix}$ he?

(29) **否定対極表現**

I *hardly* remember $\begin{Bmatrix} *something \\ anything \end{Bmatrix}$ about that tragic event.

(30) **動詞句削除**

John *rarely* goes out, and Bill $\begin{Bmatrix} *does,\ too \\ doesn't,\ either \end{Bmatrix}$.

(31) **So/Neither**

John *hardly* goes out these days, and $\begin{Bmatrix} *so \\ neither \end{Bmatrix}$ does his wife.

(28) では seldom が用いられ、「ジョンは最近めったに外出しない」という否定文ですから、付加疑問の形は肯定の does he となります。(29) では、hardly が用いられ、「私はその悲劇的な出来事に関してほとんど何も覚えていない」という否定文ですから、否定対極表現の anything が使われます。さらに (30) の第2文は、「ビルもめったに外出しない」という否定文ですから、Bill does, too とはならず、Bill doesn't, either となります。また (31) の第2文は、「彼の妻も最近はほとんど外出しない」という否定文ですから、neither does his wife となります。

コラム⑤

場面にふさわしい言葉遣い（2）

　「最近の若者は、その場その場の状況にふさわしい言葉遣いができない」という苦情は、いつの時代にも聞かれるものでしょうが、私も最近、学生にある事柄を伝えると、その学生が、「本当ですか？」と言うのではなく、「それ、マジっすか？」と言ったので、驚きました。しかし、考えてみると、学生同士なら「それ、マジ？」というところを、私には丁寧体の「です（か）」を「マジ？」につけている分だけ、まだいいのかも知れません。

　英語でも状況は同じのようで、ここでは2つの例を紹介します。1つは、ファースト・ネームの使い方に関するものです。アメリカでは、たとえば会社で、部下が自分の上司でさえファースト・ネームで呼ぶように、ファースト・ネームを使うのが一般的であると思われているかも知れません。しかし、初対面の相手に最初からファースト・ネームを使うわけではもちろんありません。ある学校の先生（Susan Crisman という名前だとします）が、夏休みの期間、あるオフィスで働き始め、そこの秘書が、まだその先生と知り合いになっていないのに、その先生の履歴に関して知りたいことがあり、彼女を"Susan"と呼んだので、その先生はとてもショックを受けたと言っていました。このような場合、まだ初対面なので、彼女は当然、"Mrs. Crisman"と呼ばれるものと思っていたわけです。

　もう1つの例は、ある会社の受付係の電話に関するもので

す。私たちの知り合いのアメリカ人がある会社で働いていて、そこでは、大部屋が個人用に仕切って小部屋になっていました。しかし、部屋が隣接していると、隣の人の言うことがよく聞こえたそうです。あるとき、高校を卒業したばかりの女性がその会社の受付係として入り、小部屋を与えられたそうです。そしてしばらくして、取引先にその女性が電話を入れたのですが、相手があいにくおらず、電話に出た人に次のように言っているのが、隣の部屋にいた私たちの知り合いに聞こえてきたと話してくれました。

(1) "He isn't there? When is he coming back? I want to leave a message . . . . What did you say your name was again? What? Oh OK. Thanks."

私たちの知り合いは、(1) の発話を笑いながら聞き、このような場合は次のように言うべきだと話してくれました。

(2) "It is rather important that I reach him. When do you expect him? Could you please take a message for him? . . . .And could you spell your name for me, please, for my record of this call? Excuse me, could you repeat that? There is noise on the line. Thank you very much. Goodbye."

両者を比較してみると、(2) がいかに丁寧な表現になっているかが分かります。電話というような、話している相手をまだ

知らない場合、こちらの言葉遣いでどういう人かが判断されるので、注意が必要なわけですが、私たちの知り合いは、(1)の話し手が「phone language についてまったく考えていない」と、こぼしていました。(高見筆)

A Few と Few (2)
— 「含意」と「暗意」—

第7章

● 「少しある」と「少ししかない」は同じか？

まず、次の文を見てみましょう。

(1) a. John made *a few* mistakes on his exam.
「ジョンは、試験で少し間違いをした。」
b. John made *few* mistakes on his exam.
「ジョンは、試験でほとんど間違いをしなかった。」

仮に、ジョンが５０問の試験で３問間違えた場合、その事実を「少し間違いをした」と肯定文でとらえることも、「ほとんど間違いをしなかった」と否定文でとらえることもできます。そして、前者の場合は a few が、後者の場合は few が用いられます。このように、a few と few は、どちらも「少数」であることを意味しますが、a few には肯定的な意味合いがあり、few には否定的な意味合いがあることは、すでに前章で観察した通りです。

さて、次の文を見てください。

(2) a. John made *a few, if not many*, mistakes on his exam.
b. *John made *few, if not many*, mistakes on his exam.

先の (1) では、５０問の試験で３問間違えたのを「少数」ととらえ、「多数」とはとらえていませんから、(2a, b) でその間違い

を if not many（「多数ではないとしても」）と言っていいはずです。しかし、a few は if not many と共起できますが、few は共起できません。これはなぜでしょうか。

　もちろん、(2a) を日本語に直すと、「多数ではないとしても、少し間違いをした」は自然なのに対し、(2b) は「＊多数ではないとしても、ほとんど間違いをしなかった」は不自然だからだと思われるでしょう。しかし、そもそもなぜ、前者の日本語は自然で、後者の日本語は不自然なのでしょうか。

　さらに次の文を見てください。

(3) a. *John made *a few, if any*, mistakes on his exam.
　　 b. John made *few, if any*, mistakes on his exam.

先の (1) で見たように、ジョンは５０問のうち３問間違ったので、(3a, b) でその間違いを if any（「いくつか間違ったとしても」）と言っていいはずです。しかし、(2a, b) の場合とは逆に、今度は a few は if any と共起できず、few は if any と共起できます。これはなぜでしょうか。ここでももちろん、(3a) を日本語に直すと、「＊いくつか間違ったとしても、少し間違えた」という日本語が不自然で、(3b) は「いくつか間違ったとしても、ほとんど間違わなかった」という日本語が自然だからと思われるでしょう。しかし、どうして前者の日本語は不自然で、後者の日本語は自然なのでしょうか。

　本章では、a few と few が表わす「含意」（entailment）と「暗意」（implication）、および話し手の視点を考えることによって、両者の違いを明らかにします。また、「少量」を表わす a little と little の違いについても考えます。

● 「含意」と「暗意」

　ジョンの子供の数が次のような文で表わされたとき、ジョンには子供がいったい何人いることになるでしょうか。

(4)　　John has three children.

当然、ジョンには子供が3人いて、<u>4人以上はいない</u>と解釈されるでしょう。ここで、(4)は、「ジョンには子供が3人いる」と言っているので、「子供が1人いる」、「子供が2人いる」という次の文は、(4)の当然の帰結で、(4)に<u>含</u>まれた<u>意</u>味、つまり「<u>含意</u>」（entailment）と呼ばれています。

(5)　a.　John has one child.
　　　b.　John has two children.

したがって、(6)の文連続の不適格性が示すように、(5a, b) を打ち消すような文を (4) に続けることはできません。

(6)　　John has *three* children.　*As a matter of fact, he doesn't have *any* children.
　　　　[含意：打ち消し不可能]

つまり、「含意」は打ち消すことができません。
　一方、(4)（= John has three children.）は、上で見たように、ジョンには子供が3人しかおらず、4人以上はいないと解釈されるのが普通です。しかし、これは (4) が<u>暗</u>に示唆する<u>意</u>味、つまり「<u>暗意</u>」（implication）であって、「含意」ではありません。

「暗意」は、「含意」と異なり、打ち消すことができます。そのため、(4) を打ち消すような文を (4) に続けることが、次のように可能です。

(7) 　　John has *three* children. As a matter of fact, he has *four* children.
　　　　［暗意：打ち消し可能］

● A few と few の「意味」、「含意」と「暗意」

ここで、a few と few の意味、含意、暗意を次のように仮定してみましょう。

(8) a. 　a few　意味：「話し手が期待値、基準値よりも小さいと考える3以上の数のXが存在する」
　　　　　　　　含意：「Xの数は0、1、2ではない」
　　　　　　　　　　　（打ち消せない）
　　　　　　　　暗意：「Xの絶対数は多くはない」
　　　　　　　　　　　（打ち消せる）
　　b. 　few　　意味：「話し手が小さいと考える数を除いては、Xが他に1つも存在しない」
　　　　　　　　含意：「Xの絶対数は多くはない」
　　　　　　　　　　　（打ち消せない）
　　　　　　　　暗意：「Xの数は0、1、2ではない」
　　　　　　　　　　　（打ち消せる）

第7章 A Few と Few (2) 131

　(8a, b) の a few と few に関する意味、含意、暗意を (1a, b)(以下に再録)の例と図で説明しておきましょう。

(1)　a.　John made *a few* mistakes on his exam.
　　　　「ジョンは、試験で<u>少し</u>間違いを<u>した</u>。」

```
                a few mistakes
                     ⇩
        ○○○●●●○○○○
        ○○○○○○○○○○
        ○○○○○○○○○○
        ○○○○○○○○○○
        ○○○○○○○○○○
```

　　b.　John made *few* mistakes on his exam.
　　　　「ジョンは、試験で<u>ほとんど</u>間違いを<u>しなかった</u>。」

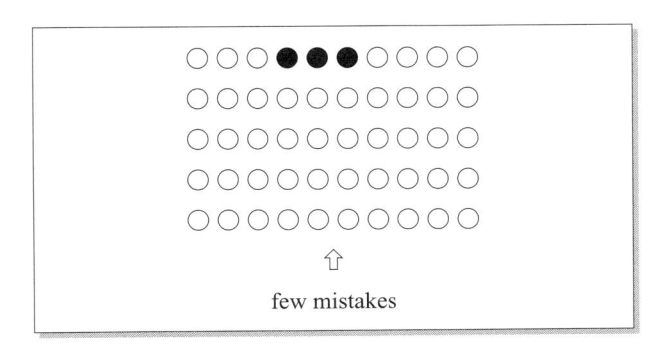

```
        ○○○●●●○○○○
        ○○○○○○○○○○
        ○○○○○○○○○○
        ○○○○○○○○○○
        ○○○○○○○○○○
                     ⇧
                few mistakes
```

　５０問の試験問題のうちで、ジョンが間違ったのが３問(図の黒丸で示します)だったとした場合、図に示したように、その間

違った3問に視点を向けると、(1a) のように、John made a few mistakes（「少し間違った」）となり、間違わなかった多くの（47問の）問題に視点を向けると、(1b) のように、John made few mistakes（「ほとんど間違いをしなかった」）と表現されることになります。ここで、前者の a few mistakes と表現した場合は、間違った3問に視点を向けているので、その当然の帰結として、間違った問題が「0、1、2ではない」という《含意》をもつことになります。そして、その3問を間違わなかった47問と比べると、その3問は「多くはない」という《暗意》が生じることになります。一方、後者の few mistakes と表現した場合は、間違わなかった47問に視点を向けて、「ほとんど間違わなかった」と述べているので、その当然の帰結として、間違った問題は「多くはない」という《含意》をもつことになります。そして、「多くはない」ということは、「少しはある」ということを示唆しますから、「0、1、2ではない」という《暗意》が生じることになります。

(8a, b) の仮定が正しいものであるかどうかは、それによって、(4)‐(7) で示したような言語事象が a few と few の場合にどれだけ矛盾なく説明できるかに依存します。

まず最初に、あるパーティーにやって来た人の数を次のように表現したとしましょう。

(9)　　*A few* came to the party.

(9) の《意味》は、(8a) により、「期待した人数より少ないが、3人以上の人がパーティーにやって来た」ということになります。(9) の《含意》は、同じく (8a) により、「パーティーにやって来た人の数は0、1、2ではない」ということになります。含意

は打ち消すことができません。したがって、次の文（連続）は、不適格になるはずです。

(10) a. *A few* came to the party. *As a matter of fact, *none* came to the party.
  b. *A few* came to the party. *As a matter of fact, only *one* person / *two* people came to the party.
  c. **A few*, indeed *none*, came to the party.

(10a-c) が実際に不適格な文（連続）であることは、a few の含意に関する仮定が正しいことを示しています。

(9) の《暗意》は、(8a) により、「パーティーにやって来た人の絶対数は多くはない」ということになります。暗意は、打ち消すことができます。したがって (11a, b) の文連続は適格であるはずです。

(11) a. *A few* came to the party. As a matter of fact, *many* came to the party.
  b. *A few*, indeed *many*, came to the party.

上の文（連続）は、「期待値より小さい人数の人たち、でも絶対数としては大勢の人たち」がパーティーにやって来たという意味になります。この2つの文（連続）が適格であることは、a few の暗意に関する仮定が正しいことを示しています。

次に、何人ぐらいパーティーにやって来たかを述べるのに、a few ではなく、次のように few を用いて言ったとしましょう。

(12)   *Few* came to the party.

(12)の《意味》は、(8b)により、「小人数以外、誰もパーティーにやって来なかった」ということになります。(12)の《含意》は、同じく(8b)により、「パーティーにやって来た人の絶対数は多くはない」ということになります。含意は打ち消すことができません。したがって、次の文(連続)は、不適格になるはずです。

(13) a. *Few* came to the party. *As a matter of fact, *many* came to the party.
　　b. **Few*, indeed *many*, came to the party.

上の文(連続)が不適格であるということは、(8b)で仮定したfewの含意が正しいことを示しています。

(12)の《暗意》は、(8b)により、「パーティーにやって来た人の数は0、1、2ではない」ということになります。暗意は打ち消すことができるはずですから、fewは次の文(連続)に示すように、noneと共起できるはずです。

(14) a. *Few* came to the party. As a matter of fact, *none* came to the party.
　　b. *Few* came to the party. As a matter of fact, only *one* person / *two* people came to the party.
　　c. *Few*, indeed *none*, came to the party.

(14a-c)が適格であることは、(8b)で仮定したfewの暗意が正しいものであることを示しています。

　以上の考察から、(8)で示したa fewとfewの含意、暗意についての仮説が、正しいことが分かりました。含意はa fewとfewの意味から論理的、自動的に導かれるはずのものです。また暗意も、

意味が示唆するはずのものです。(8) で示した a few と few の含意、暗意についての仮説が正しいということは、同じく (8) で示した a few と few の意味にも間違いがないことを示しています。

● (2a, b), (3a, b) の説明

A few と few の意味と、その含意と暗意が解明できたところで、本章冒頭で示した (2a, b), (3a, b) の説明をしたいと思います。まず、(2a, b)(以下に再録)から見てみましょう。

(2) a. John made *a few, if not many*, mistakes on his exam.
「ジョンは試験で、多くはないとしても、少し間違った。」

> "made a few mistakes"
> 　　意味：間違いは期待値より小さい3以上の数
> 　　含意：間違いの数は0、1、2ではない
> 　　暗意：間違いの絶対数は多くはない
> "if not many"
> 　　意味：間違いの数が多かったと考える可能性は
> 　　　　 あるが、そう考えないこととして

b. *John made *few, if not many*, mistakes on his exam.
「*ジョンは試験で、多くはないとしても、ほとんど間違わなかった。」

> "made few mistakes"

> 意味：小数の間違い以外何も間違いがない
> 含意：間違いの絶対数は多くはない
> 暗意：間違いの数は0、1、2ではない
>
> "if not many"
> 　意味：間違いの数が多かったと考える可能性は
> 　　　　あるが、そう考えないこととして

(2a) の if not many の意味の「間違いの数が多かったと考える可能性はあるが」の部分は、"made a few mistakes" の《暗意》を打ち消すものですが、暗意は打ち消し可能ですから、この文には、矛盾がありません。(2a) が適格なのは、この理由によります。他方、(2b) の if not many の意味の「間違いの数が多かったと考える可能性はあるが」の部分は、"made few mistakes" の《含意》を打ち消すものです。しかし、含意は打ち消し不可能なはずですから、ここに矛盾が発生します。(2b) が不適格なのは、この理由によります（(2b) の不適格性には、さらに別の要因が関わっていますが、この点は次の節で述べます）。

一方、(3a, b)（以下に再録）を見てみましょう。

(3) 　a. *John made *a few, if any*, mistakes on his exam.
　　　「＊ジョンは試験で、<u>いくつか間違ったとしても</u>、少し間違った。」

> "made a few mistakes"
> 　意味：間違いは期待値より小さい3以上の数
> 　含意：間違いの数は0、1、2ではない
> 　暗意：間違いの絶対数は多くはない

> "if any"
> 　　意味：間違いの数がゼロであったと考える可能
> 　　　　　性はあるが、そう考えないこととして

b. John made *few, if any*, mistakes on his exam.
　「ジョンは試験で、<u>いくつか間違ったとしても</u>、ほとんど間違わなかった。」

> "made few mistakes"
> 　　意味：小数の間違い以外何も間違いがない
> 　　含意：間違いの絶対数は多くはない
> 　　暗意：間違いの数は０、１、２ではない
> "if any"
> 　　意味：間違いの数がゼロであったと考える可能
> 　　　　　性はあるが、そう考えないこととして

（3a）の if any の意味の「間違いの数がゼロであったと考える可能性はあるが」の部分は、"made a few mistakes" の《含意》「間違いの数は０、１、２ではない」を打ち消すものです。しかし、含意は打ち消し不可能なはずです。この文が不適格なのは、この理由によります。他方、（3b）の if any の意味の「間違いの数がゼロであったと考える可能性はあるが」の部分は、"made few mistakes" の《暗意》「間違いの数は０、１、２ではない」を打ち消すものですが、暗意は打ち消し可能ですから、この文には矛盾がありません。（3b）が適格なのは、この理由によります。

● 一貫した視点

ここで、次の文を考えてみましょう。

(15) a. *A few, not many*, came to the party.
　　　「多数ではないが、わずかな人が、パーティーにやって来た。」

> "a few"
> 　　意味：来た人の数は期待値より少ない３人以上
> 　　含意：来た人の数は０、１、２ではない
> 　　暗意：来た人の数は多くはない
> "not many"
> 　　意味：来た人の数は多くはない

b. **Few, not many*, came to the party.
　　　「*多数ではないが、ほとんどの人が、パーティーにやって来なかった。」

> "few"
> 　　意味：小人数以外誰も来なかった
> 　　含意：来た人の数は多くはない
> 　　暗意：来た人の数は０、１、２ではない
> "not many"
> 　　意味：来た人の数は多くはない

第7章　A Few と Few (2) 139

　(15a)（およびその日本語）は適格ですが、(15b)（およびその日本語）は不適格です。いったいこれはなぜでしょうか。(15a) では、a few がその《暗意》(not many) と共起しており、(15b) では、few がその《含意》(not many) と共起していますが、これらの文では、それらの暗意や含意を打ち消しているわけではありませんから、(15a, b) の適格性の違いは、別の要因によるものと考えなければなりません。

　(15a) の適格性、(15b) の不適格性は、話し手の視点が一貫しているかどうか、という点に原因があるように思われます。本章の冒頭で使ったのと同じ図表示で、まず (15a) で表わされている話し手の視点を見てみましょう。

(16)　　(15a) の視点:《一貫した視点》

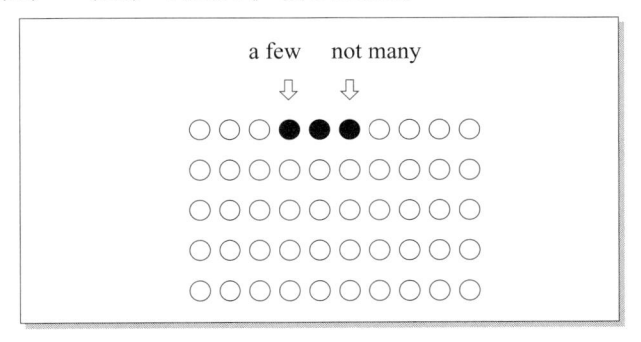

```
                a few    not many
                  ⇩        ⇩
            ○○○●●●○○○○
            ○○○○○○○○○○
            ○○○○○○○○○○
            ○○○○○○○○○○
            ○○○○○○○○○○
```

話し手は、パーティーに来た人（黒丸）に視点を向けて、その数を最初に a few（「期待値より少ない3人以上の数」）という表現で表わし、次に同じくパーティーに来た人（黒丸）に視点を向けて、その数を not many「多くない数」という表現で表わしています。つまり話し手は、一貫して黒丸に向けた視点をとっています。

次に（15b）で表わされている話し手の視点を見てみましょう。

(17)　（15b）の視点：《一貫しない視点》

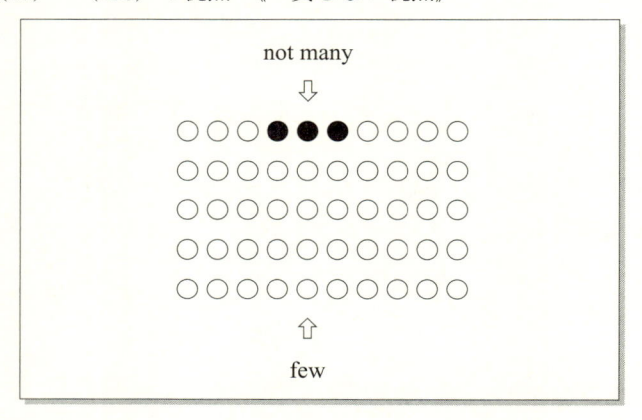

```
                    not many
                       ⇩
         ○ ○ ○ ● ● ● ○ ○ ○
         ○ ○ ○ ○ ○ ○ ○ ○ ○
         ○ ○ ○ ○ ○ ○ ○ ○ ○
          ○ ○ ○ ○ ○ ○ ○ ○
           ○ ○ ○ ○ ○ ○ ○
                       ⇧
                      few
```

　話し手は、最初にパーティーに来なかった人（白丸）に視点を向けて、その数を few（小人数以外ゼロ）という表現で表わしています。ところが、話し手は、次にパーティーに来た人（黒丸）に視点を向けて、その数を not many「多くない数」という表現で表わしています。つまり話し手は、同じ文の中で、同じパーティーの出席状況を記述するのに、パーティーに来なかった人（白丸）に向けた視点と、パーティーに来た人（黒丸）に向けた視点という2つの一貫していない視点を同時にとっています。(15b) が不適格文であるということは、「**話し手は、同じ文の中で一貫していない視点をとることはできない**」という規則が働いていることを示しているものと仮定することによって説明できます。
　ここで、(2b)（以下に再録）を再度見てみましょう。

(18)　*John made *few, if not many*, mistakes on his exam. (=2b)

「*ジョンは試験で、多くはないとしても、ほとんど間違わなかった。」

先に、この文が不適格なのは、made few mistakes の含意(「間違いの絶対数は多くはない」)を if not many の意味が打ち消すからだと説明しました。しかし、(18) が不適格なのは、この理由に加えて、さらに話し手が、ジョンの試験問題の間違いの数を記述するのに、最初に few という間違わなかった問題(本章冒頭の図表示の白丸)に向けられた視点をとり、次に、not many という間違った問題(本章冒頭の図表示の黒丸)に向けられた視点をとる、という視点の非一貫性にも原因があると説明することができます((10c)や(13b)の不適格性も同様に説明することができます)(【付記】参照)。

● インフォーマルな用法の a few

これまで、a few の意味は、「期待値より小さい3以上の数」と仮定してきました。ここで問題となるのは、何か存在するものの数が2のときに、絶対に a few は使えないのか、ということです。この問題について英語の話し手に質問すると、ほとんどの人が、2の場合には、a few とは言わず、a couple (of) と言うと説明してくれます。

(19) a. Only a couple people came to the party.
 b. Only a couple of people came to the party.

ところが、「a few は3以上、2の場合には a couple (of)」と主張する話し手の中でも、次の文は適格だという人が大勢います。

(20) Only *a few*, *two* to be precise, came to the party.
「ほんの数人が、正確に言えば2人が、パーティーにやってきた。」

もし a few の意味が「期待値より小さい3以上の数」なら、その含意は、すでに述べたように、「その数はゼロでも、1でも2でもない」ということになります。(20) はその含意の1つ「その数は2ではない」を打ち消すものですから、この文は不適格になるはずです。それにもかかわらず、この文を適格だと判断する話し手が多くいるということは、a few に2つの異なった用法があることを示しています。その1つは、これまで記述してきた標準的用法の「期待値より小さい3以上の数」で、これは a couple との対比を念頭においた a few の用法です。他方、(20) の a few は、a couple と対比しない用法で、大ざっぱに「期待値より小さい複数個の数」を意味するものです。この用法の a few の含意は、「その数は0でも1でもない」ということになるので、(20) の「正確に言えば2人」は、含意の打ち消しになりません。(20) を適格文であると判断する話し手がいることは、この理由によります。ただし、「期待値より小さい複数個の数」を意味する a few は、インフォーマルな大ざっぱな言い方をするときにだけ使える表現で、標準的用法ではないことをここで再び強調しておかなければなりません。

● A little と little

上で、a few と few の違いの1つとして、a few は、話し手が存在している事物に視点を向けているときに使う表現で、few は、話し手が存在しない事物に視点を向けているときに使う表現であ

第7章　A Few と Few（2）　143

ることを述べました。A little と little についても同じことが言えます。

（21）

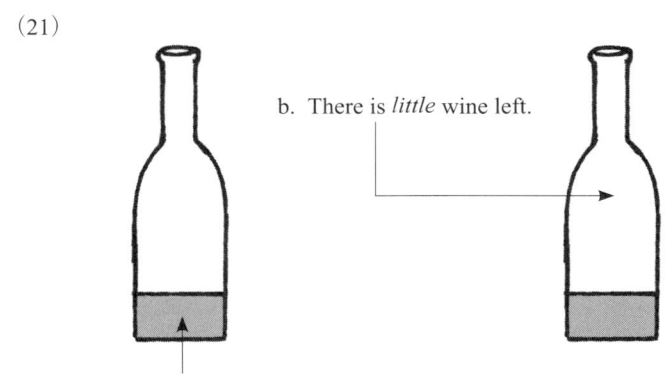

b. There is *little* wine left.

a. There is *a little* wine left.

（21a）はボトルに残っているワインに視点を向けた表現です。他方（21b）は、ボトルのワインがなくなっている部分に視点を向けた表現です。英語で、「肯定的思考」と「否定的思考」の違いを表わす表現として、（22a）と（22b）がよく使われます。

（22）

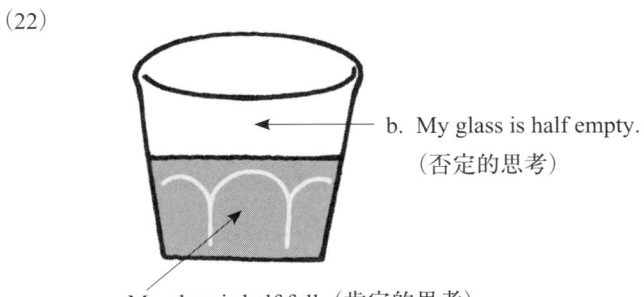

b. My glass is half empty.
（否定的思考）

a. My glass is half full.（肯定的思考）

(21a) の There is a little wine left (in the bottle). と (21b) の There is little wine left (in the bottle). の違いは、まさに (22a, b) の肯定的思考表現と否定的思考表現の違いです。

さて、a few と few が、「数が少ない」ことを意味するのに対し、a little と little は、「量が少ない」ことを意味しますが（そのため、前者は可算名詞に、後者は不可算名詞につきますが）、含意と暗意に関しては、両者で同じことが言えます。まず、次の文を見てみましょう。

(23) a. There is *a little, if not much*, wine left in the bottle. (cf. 2a)
「ボトルには多くはないとしても、少しワインが残っている。」
b. *There is *little, if not much*, wine left in the bottle. (cf. 2b)
「*ボトルには多くはないとしても、ほとんどワインが残っていない。」

A little には、a few と同じく（もちろん、数と量の点で異なりますが）、「Xの量は無ではない」という《含意》があり、「Xの絶対量は多くはない」という《暗意》があります。(23a) の if not much（「多いとみなす可能性はあるが、そうでないとして」）は、「多いとみなす可能性がある」の部分で、a little のもつ《暗意》「多くはない」を打ち消しています。しかし、暗意は打ち消すことができるので、矛盾がありません。(23a) が適格なのは、この理由によります。一方、little には、few と同じく、「Xの絶対量は多くはない」という《含意》があり、「Xの量は無ではない」という《暗意》があります。(23b) の if not much は、この含意を打ち消していますが、含意は打ち消しができないので、矛盾が生じます。(23b) が不適格なのは、この理由によります。

さらに次の文を見てみましょう。

(24) a. *There is *a little, if any*, wine left in the bottle.（cf. 3a）
「*ボトルにはワインが残っているとしても、少し残っている。」
　　b. There is *little, if any*, wine left in the bottle.（cf. 3b）
「ボトルにはワインが残っているとしても、ほとんど残っていない。」

(24a, b) で、if any（「残っていない可能性もあるが、残っているとして」）の「残っていない可能性がある」(= 無である) は、(24a) では、a little のもつ《含意》「無ではない」を打ち消しているのに対し、(24b) では、little のもつ《暗意》「無ではない」を打ち消しています。含意は打ち消すことができないので、(24a) は不適格となり、暗意は打ち消すことができるので、(24b) は適格となります。

最後に、(23b)（以下に再録）の不適格性は、視点の非一貫性にも原因があることを指摘しておきましょう。

(23) b. *There is *little, if not much*, wine left in the bottle.（cf. 2b）
「*ボトルには多くはないとしても、ほとんどワインが残っていない。」

この文で話し手は、最初に little wine という、飲んでなくなってしまったワインに視点を向けた表現を用いているのに対して、次に、not much wine という、残っているワインに視点を向けた表現を用いています。(23b) が不適格なのは、この視点の非一貫性にも原因があります。

【まとめ】

以上の考察をまとめておきます。

a. a couple (of) との対比を念頭においた a few（標準的用法）
　　意味：「話し手が期待値、基準値よりも小さいと考える3以上の数のXが存在する」
　　含意：「Xの数は0、1、2ではない」（打ち消せない）
　　暗意：「Xの絶対数は多くはない」（打ち消せる）
　　視点：存在するもの（X）に向けられている
b. インフォーマルな大ざっぱな表現としての a few
　　意味：「話し手が期待値、基準値よりも小さいと考える複数個のXが存在する」
　　含意：「Xの数は0、1ではない」（打ち消せない）
　　暗意：「Xの絶対数は多くはない」（打ち消せる）
　　視点：存在するもの（X）に向けられている
c. few
　　意味：「話し手が小さいと考える数を除いては、Xが他に1つも存在しない」
　　含意：「Xの絶対数は多くはない」（打ち消せない）
　　暗意：「Xの数は0、1、2ではない」（打ち消せる）
　　視点：存在しないものに向けられている

a. a little
    意味:「話し手が期待値、基準値よりも少ないと考える量のXが存在する」
    含意:「Xの量は無ではない」(打ち消せない)
    暗意:「Xの絶対量は多くはない」(打ち消せる)
    視点:存在するもの(X)に向けられている
b. little
    意味:「話し手が少ないと考える量を除いては、Xが他にまったく存在しない」
    含意:「Xの絶対量は多くはない」(打ち消せない)
    暗意:「Xの量は無ではない」(打ち消せる)
    視点:存在しないものに向けられている

Barely

第8章

● はじめに

　大修館書店の『ジーニアス英和辞典』（第4版、２００６）のbarelyの項に次の記述があります。

---

(1) barely ❶ かろうじて、なんとか、やっとのことで（only just）《◆肯定的に「かろうじてできる」に焦点がある》❷ ほとんど...ない（hardly）《◆否定的に「ほとんど」》

　そして肯定的表現としてのbarelyの例として（2a-c）、否定的表現としてのbarelyの例として（3a-c）などがあげられています（日本語訳も、『ジーニアス英和辞典』のものです）。

---

(2) a.　We barely caught the 12:00 flight.
　　　　１２時のフライトにかろうじて間に合った。
　　b.　I was so young. I had just barely turned 20.
　　　　私はとても若かった。なんとか２０歳になったばかりだった。
　　c.　We have barely enough bread for breakfast.
　　　　朝食用のパンはなんとかある。

(3) a. I can barely hear you.
(ほとんど) 聞こえません。
b. I have barely any friends in this neighborhood.
この近所には友人はほとんどいません。
《 ◆ I don't have many friends . . . / I have hardly any friends . . . / I have almost no friends . . . が普通》
c. I was so involved in reading the book that I barely made it out of the train door when I arrived at Osaka Station.
本に夢中になりすぎて大阪駅に着いたときに降りるのを忘れるところだった。

　どうして barely という１つの単語が、肯定的表現として用いられたり、否定的表現として用いられたりするのでしょうか。そして、barely を含んだ文は、常に肯定文解釈と否定文解釈の両方を許すのでしょうか。もし、肯定文解釈、否定文解釈の１つしか許さない文があるとすれば、どういう条件で、barely が一義解釈しか受けられないのでしょうか。本章では、このような疑問に答えながら、(1) で用いられている「肯定的に」、「否定的に」という概念を明確にしたいと思います。

I barely passed the exam.

「それって、受かったの？受からなかったの？」

● Scarcely, hardly は文否定辞

（1）の❷にあるように、否定的な barely は、よく hardly（そして、よく hardly と同類の否定的表現として取り扱われる scarcely）と同類に取り扱われます。まず最初に、hardly, scarcely が否定的表現であることを、4つのテストを用いて確認しておきましょう。

英語には、「**動詞句削除規則**」という規則があります（第6章の（20）-（23）を参照してください）。この規則は、助動詞のあとに現われる動詞句が文脈から復元可能な（= 何を指しているか理解できる）場合に、その動詞句を省略する規則です。次の例を見てみましょう。

(4) John can [$_{VP}$ speak Japanese].
 a. Mary can [$_{VP}$ speak Japanese], too.
 b. Mary can ∅, too.
(5) Speaker A: Does John [$_{VP}$ play tennis]?
 Speaker B: a. No, he doesn't [$_{VP}$ play tennis].
  b. No, he doesn't ∅.
(6) Speaker A: Does John [$_{VP}$ play tennis]?
 Speaker B: a. Yes, he does [$_{VP}$ play tennis]. → Yes, he plays tennis.
  b. Yes, he does ∅.

(4a) の動詞句（Verb Phrase = VP）speak Japanese は、省略しても先行文から復元可能です。この動詞句に「動詞句削除規則」を適用すると、(4b) が派生します。同様、(5Ba) の動詞句 play tennis は、(5A) から復元可能です。この動詞句に動詞句削除規

則を適用すると、(5Bb) が派生します。(6Ba) の he plays tennis が he does play tennis から派生すると仮定すれば、(6Bb) も動詞句削除規則の適用によって派生した文だと考えることができます。

　動詞句削除規則は、文否定辞を含んだ動詞句には適用できません。次の (b) 文は (a) 文と同義ですから、have no time to rest は《文否定辞》を含んだ動詞句です。

(7)　a.　Mary won't have any time to rest.
　　　b.　Mary will [$_{VP}$ have no time to rest].

次に示す (8a) の動詞句 have no time to rest は、省略しても先行文から復元可能ですから省略できるはずですが、動詞句削除規則を適用すると、(8b) というまったく意味をなさない不適格文が派生します。これは、have no time to rest が《文否定辞》を含んだ動詞句だからです。

(8)　a.　Mary will have no time to rest.　John will have no time to rest, either.
　　　b.　Mary will have no time to rest.　*John will ∅, either.

　それでは、hardly, scarcely を含んだ動詞句と、やはり小程度を表わす slightly が、動詞句削除規則の適用に関してどのような特性を示すか調べてみましょう。

(9)　a.　I can understand him **slightly** now － I *can* [$_{VP}$ understand him **slightly**] because I'm getting used to his heavy Japanese accent.

「私は今、彼の言うことが<u>少し理解できる</u>。彼のひどい日本語訛りの発音に慣れてきたので、できるのです。」

 b. I can understand him **slightly** now ― I *can* ∅ because I'm getting used to his heavy Japanese accent.

(10) a. I can **hardly/scarcely** understand him ― I *can* [~VP~ **hardly/scarcely** understand him] because he has such a heavy Japanese accent.

「私は彼の言うことが<u>ほとんど理解できない</u>。彼はひどい日本語訛りの発音で話すので、できないんです。」

 b. *I can **hardly/scarcely** understand him ― I *can* ∅ because he has such a heavy Japanese accent.

(9a) の後半の動詞句 understand him slightly は、(9b) が適格文であることが示すように、動詞句削除規則の適応を受けることができます。なぜなら、understand him slightly が肯定的表現だからです。一方、(10a) の後半の動詞句 hardly/scarcely understand him は、(10b) の不適格性が示すように、動詞句削除規則の適用を受けることができません。なぜなら、hardly/scarcely understand him が否定的表現だからです。このように、動詞句削除パターンで、hardly/scarcely を含む動詞句は、《文否定辞》を含む動詞句の特性を示していることになります。

 肯定文か否定文かを識別する2つ目の文法パターンに、「**So/Neither + 助動詞 + 主語**」があります。第1章の「文否定と構成素否定」で示したように、英語では、「主語 A は動詞句、そして主語 B も同じ動詞句」というパターンの並列文がある場合、次の (11) のように、前半の文が肯定文であれば、動詞句を省略して、「So + 助動詞 + 主語 B」という省略パターンを用い、(12)

のように、前半の文が否定文であれば、「Neither + 助動詞 + 主語B」という省略パターンを用いることができます。

(11) 前半の文が肯定文の場合
    a. John will live long, and *so* will Mary.
    b. *John will live long, and *neither* will Mary.
(12) 前半の文が否定文の場合
    a. *John won't live long, and *so* will Mary.
    b. John won't live long, and *neither* will Mary.

Hardly/scarcely は、次の (13) から分かるように、(11) の肯定文パターンではなく、(12) の否定文パターンを示します。

(13) a. *I **hardly/scarcely** know him, and *so* do you.
    b. I **hardly/scarcely** know him, and *neither* do you.

ですから、上の構文で、hardly, scarcely は文否定辞の特性を示していることになります。

　3つ目の文パターンとして、「否定対極表現」を考えてみましょう。第1章の「文否定と構成素否定」で示したように (第5章、第6章も参照)、any や ever のような「否定対極表現」は通常、文否定辞がない叙述文 (疑問文や命令文でない文) には現われません。

(14) a. *John has *ever* played hockey.
    b. John has**n't** *ever* played hockey.
(15) a. *Sue will have *any* time to rest.
    b. Sue will **not** have *any* time to rest.

次の例が示すように、否定対極表現は、hardly, scarcely を含んだ文に現われます。

(16) a. *All through the day, he had *any* time to rest.
b. All through the day, he **hardly** had *any* time to rest.
(17) a. *There were *any* opposing voices within the organization.
b. There were **scarcely** *any* opposing voices within the organization.

(16b),(17b) が適格文であるということは、hardly, scarcely が《文否定辞》としての機能を果たしていることを示しています。

次に、4つ目のテストを見てみましょう。A little, a few, kind of, slightly などの表現は、与えられた陳述を肯定し、その度合いが１００％よりかなり低いことを主張する機能を持っています。したがって、これらの表現を含んだ文のあとに、その陳述を完全に否定する文が現われると、矛盾が生じます（第７章の（10a, c）を参照）。

(18) a. *He has **a little** money – in fact, he has *no* money.
b. *He knows **a few** things about it – in fact, he does*n't* know *anything* about it.
c. *I **kind of** like him – in fact, I do*n't* like him.（Quirk et al. 1985: 599）
d. *We know them **slightly** – in fact, we do*n't* know them.
（同上）

たとえば（18d）は、前半で、話し手たちが話題の人たちを少しは知っているという肯定的主張を行ない、後半で、その人たちを

まったく知らないと主張しているので、矛盾した不適格文となるわけです（【付記1】参照）。

　他方、little, few, hardly, scarcely は、陳述を１００％否定するのではなく、１００％に近い度合いで否定する機能を持っています。したがって、最初に、与えられた陳述を１００％に近い度合いで否定し、次に、概算的に、１００％の度合いで否定することができます（第７章の（14a, c）を参照）。

(19) a. He has **little** money – in fact, he has *no* money.
　　b. He has **few** friends – in fact, he does*n't* have *any* friends.
　　c. She **hardly** knows me – in fact, she does*n't* know me.
　　　（Quirk et al. 1985: 599）
　　d. She **scarcely** knows me – in fact, she does*n't* know me.
　　　（同上）

たとえば（19a）では、前半が、「彼はほとんどお金を持っていない」という否定的表現で、後半が、「実際、彼はまったくお金を持っていない」という（全面的な）否定であり、両者が矛盾しない適格文となっています。つまり、このパターンでも、hardly, scarcely は、（19c, d）が適格であることから分かるように、１００％に近い度合いの否定辞の機能を示しています（【付記2】参照）。

● 否定辞としての barely

　それでは、barely が意味的に１００％に近い否定辞として用いられていると解釈できる文について、構文法的にも否定辞の機能を果たしているかどうかを、上の４つのパターンを使って調べて

みましょう。まず最初に、動詞句削除規則を見てみましょう。

(20) From now on, he will **barely** have time to spend with his family −
   a. he will **barely** have time to spend with his family
   b. *he will ∅
   because he will have to work from 7 am to 10 pm, seven days a week.

(20a) の barely have time to spend with his family は、(20b) に示したように、動詞句削除規則の適用を受けることができません。ということは、この動詞句が文否定辞を含んだ動詞句であることを示しています。つまり、barely は《文否定辞》として機能している、ということになります。『ジーニアス英和辞典』の (3a, b) になぞった例文 (21a), (22a) の barely も、(21b), (22b) が不適格文であることが示すように、文否定辞の機能を果たしています。

(21) John could barely hear him −
   a. he could **barely** hear him because of construction noises outside.
   b. *he could ∅ because of construction noises outside.
(22) John has barely any friends in this neighborhood −
   a. he has **barely** any friends here because his family moved here only two weeks ago.
   b. *he does ∅ because his family moved here only two weeks ago.

次に、「主語 A + 動詞句 + and + So/Neither + 助動詞 + 主語 B」のパターンで、barely がどのような特性を示すか調べてみましょう。

(23) a. He **barely** had time to spend with his children, and *neither did his wife*.
　　b. ?? He **barely** had time to spend with his children, and *so did his wife*.

Neither を用いた (23a) が適格で、so を用いた (23b) が不適格であることから、この文パターンでも、barely は《文否定辞》としての特性を示しています。同様、(3a, b) になぞった例文 (24)、(25) で、neither を用いた (24a)、(25a) が適格で、so を用いた (24b)、(25b) が不適格であることも、(3a, b) の barely が《文否定辞》としての機能を果たしていることを示しています。

(24) Because of construction noises outside, John could **barely** hear him, and
　　a. *neither could Mary*.
　　b. **so could Mary*.
(25) Since his family moved to this neighborhood only two weeks ago, John has **barely** any friends here, and
　　a. *neither does his sister*.
　　b. **so does his sister*.

また、次の文が示しているように、barely を含む文では否定対極表現を用いることができます。

(26)　　He **barely** had *any* time to spend with his children.
(27)　　I can **barely** hear you or *anybody* else.
(3b)　　I have **barely** *any* friends in this neighborhood.

　さらに、次の例が示しているように、barely を前半に含む文は、後半で not を含む１００％否定の文で概算的に言い換えられます。

(28)　　I can **barely** understand him － in fact, I ca*n't* understand him.（Quirk et al. 1985: 599）
(29)　　I can **barely** hear you － in fact, I ca*n't* hear you at all.
(30)　　I have **barely** any friends in this neighborhood － in fact, I do*n't* have any friends at all.

　上に示したように、文否定辞しか現われない４つの構文パターンのすべてに barely が現われ得るという事実は、barely に（1）の ❷ で「否定的に」と記述されている解釈が存在することを構文法的に立証していることになります。
　次に、barely が文否定辞の解釈を受ける例をさらにいくつかあげておきます。

(31) a.　There has **barely** been *any* change to speak of.
　　　　「話すような変化はほとんど何もなかった。」
　　 b.　He could **barely** make *any* headway.
　　　　「彼は、ほとんど前進することができなかった。」
　　 c.　The smoke in the room was so thick that he could **barely** breathe.
　　　　「部屋に濃い煙が立ち込めていて、彼は息をすること

がほとんどできなかった。」

d. He has become so forgetful that he can **barely** remember what he has been told a minute before.
「彼は物忘れがとてもひどく、1分前に言われたことすらほとんど覚えていることができない。」

(31a, b) では、barely とともに否定対極表現の any が用いられていますし、(31c, d) でも、日本語訳から分かるように、barely が否定的解釈を受けていることが明らかです。

● 否定的解釈と肯定的解釈の両方を許す barely

前節では、barely が否定辞として用いられている例ばかりあげました。しかし、barely が否定辞としてしか使われ得ないというわけではなく、肯定的表現として用いられる場合もたくさんあります。というよりは、肯定的表現として用いられる方が普通である、と言ったほうが正確かもしれません。まず最初に、(28) で否定文であることを示した I can barely understand him が、実は、文脈によっては、肯定文の解釈を許すことを見てみましょう。

(32) Although Taro has such a heavy Japanese accent, Mary can barely understand him if she listens to him with concentration.
「太郎はとてもひどい日本語訛りの発音で話すが、メアリーは、彼の言うことを集中して聞けば、何とか理解できる。」

    a. Jane can [**barely** understand him if she listens to him with concentration], too.
    b. Jane can ∅, too.

（32a）の [ ] で示した動詞句は、（32b）のように削除することができます。（32b）が適格文であるということは、動詞句削除規則の適用を受けた barely understand him if she listens to him with concentration が文否定辞を含む動詞句ではないこと、つまり、（32）の冒頭の文に続く（32a）の barely は、肯定的表現であることを示しています。

　文脈によって否定的にも肯定的にも解釈できる barely の例をさらにいくつかあげておきます。（a）文は否定的解釈、（b）文は肯定的解釈を受けます。

(33) a. The smoke in the room was so thick that he could **barely breathe**. (=31c)
「部屋に濃い煙が立ち込めていて、彼は息をすることがほとんどできなかった。」

b. His nose was completely blocked. He could **barely breathe** through his mouth.
「彼の鼻は完全に詰まっていた。口で息をするのがやっとこさだった。」

(34) a. I was so tired that I could **barely stand up**.
「ひどく疲れていたので、立っていることがほとんどできなかった。」

b. She skated on the edges of her blades, and she could **barely stand up** with me holding on to her.
「彼女はスケート靴の刃をななめにしてスケートしていた。そして私が彼女を支えることによって、かろうじて転ばないでいた。」

(35) a. I had severe lower back pain and could **barely get out of bed**.

「ひどい腰痛でベッドから起き上がることがほとんどできなかった。」

b. Three days later, when I finally could **barely get out of bed**, I went to see my doctor (almost had to crawl there).
「３日後、やっと何とかベッドから立ち上がることができるようになって、医者のところに（ほとんど這いつくばいになって）診てもらいに行った。」

● 肯定的解釈しかできない barely

次に、肯定文解釈しかできない barely 文を見てみましょう。

(36) I **barely** passed the final exam for the course.
「私はかろうじて、そのコースの期末試験にパスした。」

［動詞句削除］

(37) John **barely** passed the final exam and
 a. Mary **barely** passed the final exam, too.
 b. Mary did ∅, too.

［So/Neither ＋助動詞＋主語］

(38) a. John **barely** passed the final exam for the course, and *so did Mary*.
 b. *John **barely** passed the final exam for the course, and *neither did Mary*.

［否定対極表現］

(39) *John **barely** passed the final exam with *any* help from his

elder brother.

[概算的言い換え]

(40) *John **barely** passed the final exam for the course – in fact, he did*n't* pass the exam.

(36) の barely は、(37)–(40) から明らかなように、否定辞としての特性を１つも示していません。

次の文もみな、barely の肯定的用法の例です。

(41) a. The Trojans **barely** won the game 34-31.
「トロージャンズは、３４対３１でかろうじて試合に勝った。」

b. John could **barely** finish the assignment before the deadline.
「ジョンは、かろうじて宿題を締め切り前に終えることができた。」

c. Mary can **barely** lift a 20-pound dumbbell.
「メアリーは、かろうじて２０ポンドのバーベルを持ち上げることができる。」

d. Mary **barely** caught the last train home.
「メアリーは、かろうじて最終電車に乗ることができた。」

e. John's **barely** a teenager.
「ジョンは、ティーンエイジャーになったばかりだ。」

f. He **barely** missed the last train.（【付記３】参照）
「彼は、もう少しのところで（寸差で）終電に乗り遅れた。」

前々節の「否定辞としての barely」の節で、『ジーニアス英和辞典』が否定的用法の例文としてあげている (3a, b) の barely が構文法的にも文否定辞の特性を持っていることを示しました。それでは、(3c) の ... I barely made it out of the train door ... の barely はどうでしょうか。動詞句削除、「So/Neither + 助動詞 + 主語」、否定対極表現、概算的言い換えの 4 つのテストを使って、barely が否定辞特性を示すか、肯定辞特性を示すか調べてみましょう。

［動詞句削除］
(42) John **barely** made it out of the train door and
　　a. Mary **barely** made it out of the train door, too.
　　b. Mary did ∅, too.

［So/Neither + 助動詞 + 主語］
(43) a. John **barely** made it out of the train door, and *so did Mary*.
　　b. *John **barely** made it out of the train door, and *neither did Mary*.

［否定対極表現］
(44) *John **barely** made it out of the train door with *any* help from a fellow passenger.

［概算的言い換え］
(45) *John **barely** made it out of the train door – in fact, he did*n't* make it out of the train door.

(42b) が適格文であることは、動詞句削除規則の適用を受けた barely made it out of the train door が文否定辞を含んでいないこと

を示しています。つまり、この barely は肯定的用法の barely ということになり、ジョンもメアリーも電車をかろうじて降りることができたわけです。同様、(43) で so did Mary が適格で、neither did Mary が不適格であることは、この文の barely が肯定的に用いられていることを示しています。また、(44) が不適格文であることは、この文の barely が否定対極表現の使用を許す表現（文否定辞）でないこと、すなわち、それが肯定的表現であることを示しています。また、(45) が不適格文であることは、この文の barely が全面否定使用の言い換えを許す近似的否定辞ではないことを示しています。このように、問題の4つのテストのすべてについて、(3c) の I barely made it out of the train door は肯定的表現の特性を示しています。したがって、(3c) を barely の否定的用法の例としている『ジーニアス英和辞典』の記述は、この優れた辞書には珍しい間違いということになります（【付記4】参照）。

● Barely はなぜ否定的表現になったり肯定的表現になったりするのか？

それでは、同じ barely という単語がどうして否定的表現になったり、肯定的表現になったりするのでしょうか。否定的表現としての用例 (20), (23a), (28) と、それらから barely を省いた文とをもう一度考えてみましょう。

(46) a. He will have time to spend with his family.
　　 b. He will **barely** have time to spend with his family.（cf. 20）
(47) a. He had time to spend with his children.
　　 b. He **barely** had time to spend with his children.（cf. 23a）

(48) a. I can understand him.
　　b. I can **barely** understand him.（cf. 28）

上の（a）文が表わす肯定的陳述には、程度の差があります。たとえば、(48a) は「私は彼を理解することができる」という意味ですが、１００％理解できる状態を表わすのか、半分ぐらい理解できる状態を表わすのか、ごくわずか、たとえば、１％理解できる状態を表わすのか、大きな程度の差があります。Barely の基本的意味が「かろうじて」であるとすれば、(48b) は、「私はかろうじて『彼を理解することができる』という肯定的状態にある。」という解釈になります。しかし、「彼を理解することができる」といういろいろな程度の差がある陳述に「かろうじて」が使われると、ごくわずか、たとえば、１％しか理解できない、という含意になります。そして、たとえば１％しか理解できない状態は、概算すれば、「０％理解できる」、換言すれば、「理解できない」状態と呼ぶことができます。つまり、「彼を理解することができる」という状態は、「...できる・できない」という「イエス・ノー」の境界線を越える肯定的部分が極少であると、概算すれば「ノーの領域」に入る状態、ということになります。この点を図示すると、次のようになります。

```
(49)      理解度
          ┬──── １００％（完全理解）      ↑
          │
          │                              イエス領域
          │
          ├──── ５０％理解できる（半分分かる）
          │                              ↓
barely →  ├──── １％理解できる ⇒「かろうじて理解
          │                できる」=「ほとんど理解できない」
          └──── ０％（理解できない）     ノー領域
```

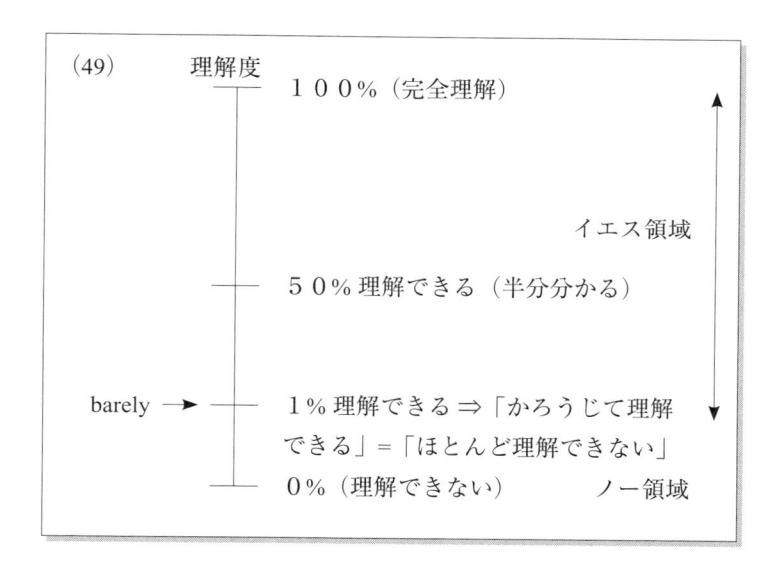

　同様、(47a)で「彼は子供と一緒に過ごす時間があった」と言っても、毎日何時間も子供と一緒に過ごしたのか、週末だけだったのか、あるいは、月に一度、数時間一緒に過ごしたのか、大きな程度の差があります。この文に「かろうじて」という意味の副詞を加えると、ごくわずかの時間、たとえば、月に数時間しか過ごさなかったという含意になります。月に数時間なら、概算して、ゼロ時間と言うことができます。そして、「子供と一緒に過ごす時間がゼロ時間あった」ということは、「子供と一緒に過ごす時間がなかった」ということになります。つまり、「子供と一緒に過ごす時間がある」という状態は、「...ある・ない」という「イエス・ノー」の境界線を越える肯定的部分が極少であると、概算すれば「ノーの領域」に入る状態、ということになります。この点も図示すると、次のようになります。

(50) 子どもと過ごす月間時間

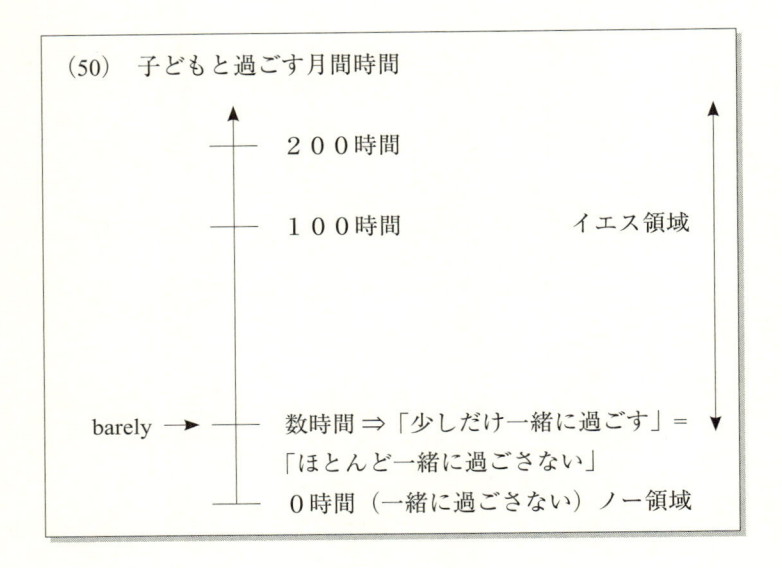

```
        ↑
      ─ ２００時間
                              ↑
      ─ １００時間     イエス領域

                              │
barely →─ 数時間 ⇒「少しだけ一緒に過ごす」＝
           「ほとんど一緒に過ごさない」      ↓
      ─ ０時間（一緒に過ごさない）ノー領域
```

　Barely の否定表現解釈は、このように、極少の肯定的状態が概算して否定的状態と同一視できるときにだけ発生するものと考えられます。『ジーニアス英和辞典』の（3a, b）（= I can barely hear you./I have barely any friends in this neighborhood.）の barely が否定的解釈を受けるのも、人の言うことがかすかに聞こえたり、ほんの数人の友だちがいるという肯定的状態は、概算して、聞こえない、友だちがいないという、否定的状態と同一視できるからです。

　このように考えると、どうして（36）-（38），（41a-e）の barely が肯定的解釈しかできないかも、自動的に説明することができます。たとえば、（36）の I barely passed the final exam for the course. の「試験にパスする」は、かろうじてパスしても、パスしたことには違いなく、この事象は、パスするかしないかの境界線を超える部分が極少、あるいはゼロであっても（たとえば、５０点以上が合格で、５１点や５０点を取った場合でも）、パスしたという

「イエスの領域」に入る事象を表わします。この点を図示すると、次のようになります（合格点を５０点以上とします）。

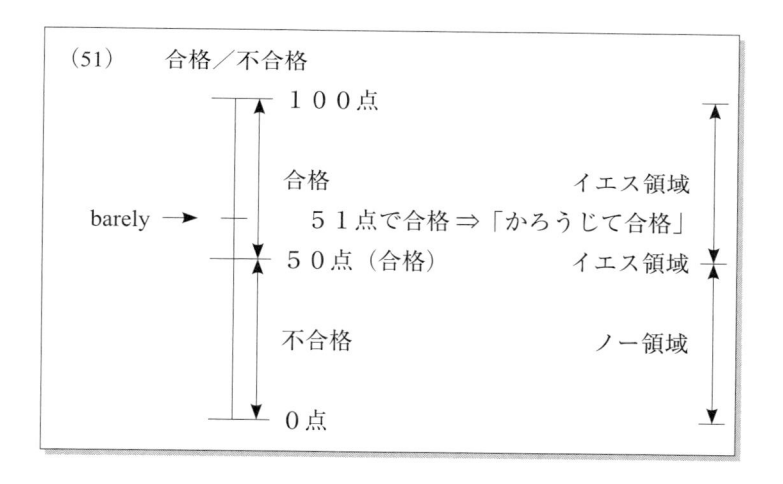

(51)　合格／不合格

- １００点
- 合格　　　　　　　　イエス領域
- barely → ５１点で合格 ⇒「かろうじて合格」
- ５０点（合格）　　　イエス領域
- 不合格　　　　　　　ノー領域
- ０点

　同様、(41a) の The Trojans barely won the game. の「試合に勝つ」は、僅差で勝ったとしても勝ったことには違いなく、たとえ１点差で勝ったとしても、概算して、勝たなかったということにはなりません。また (41e) の John's barely a teenager. は、たとえば、ティーンエイジャーになって１日目でもティーンエイジャーであることには違いなく、概算してティーンエイジャーでなくなるわけではありません。これらの文の barely が否定辞解釈を受けられないのは、この理由によります。

　上の説明から明らかなように、否定的解釈を受けられる barely と受けられない barely の最も重要な相違は、barely を含む文が真（イエス）であるか偽（ノー）であるかの境界線が、イエス領域に属するかノー領域に属するか、ということです。(49) で示したように、「彼を理解することができる」という陳述のイエス・

ノー境界線は、その度合いが０％の場合ですが、この境界線は、ノー領域に属します。同様、(50) で示したように、「子供と過ごす時間がある」という陳述のイエス・ノー境界線は、子供と過ごす時間が０時間の場合ですが、この境界線は、ノー領域に属します。他方、「試験にパスする」のイエス・ノー境界線が５０点だとすれば、この境界線は、イエス領域に属します。したがって、barely は、境界線がノー領域に属するときには、否定的解釈が成立し、境界線がイエス領域に属するときには、肯定的解釈しかできない、という結論になります。

―― Barely の肯定的／否定的解釈 ――
境界線がイエス領域　⇒　肯定的解釈
境界線がノー領域　　⇒　否定的解釈

『ジーニアス英和辞典』の (2a) (= We barely caught the 12:00 flight.) や (3c) (= . . . I barely made it out of the train door . . . .) の barely が肯定的解釈を受けるのも、１２時のフライトに一秒差で間に合っても、間に合ったことに違いはなく、電車のドアがしまりかけているところを降りても、降りたことに違いはなく、これらの事象が、間に合うか間に合わないかの境界線を越える部分が極少、あるいはゼロであっても、イエスの領域に入る事象を表わすからです。同様、(2c) (=We have barely enough bread for breakfast.) も、朝食に十分なパンの枚数より１枚しか余分にない場合でも（あるいは、１枚も余分がなくても）、概算しても、必要な枚数のパンがあることになり、十分な枚数のパンがないことにはなりません。この文の barely が肯定的解釈を受けるのも、このように、「十分なパンがある」という状態が、イエス・ノーの境界線を越える部分が極少、あるいはゼロであっても、イエスの領域に入る

状態を表わすからです。

　それでは最後に、barely が文脈によって否定的にも肯定的にも解釈される場合があるのはなぜか、次の例をもとに考えてみましょう。

（52）　I can **barely understand him** because he has such a heavy Japanese accent.
　　　［否定的解釈］「彼はひどい日本語訛りの発音で話すので、私はほとんど理解できない。」

（32）　Although Taro has such a heavy Japanese accent, Mary can **barely understand him** if she listens to him with concentration.
　　　［肯定的解釈］「太郎はとてもひどい日本語訛りの発音で話すが、メアリーは、彼の言うことを集中して聞けば、何とか理解できる。」

本節の最初に述べたように、「彼を理解することができる」というのは、１００％理解できる状態を表わすのか、半分ぐらい理解できる状態を表わすのか、ごくわずか、たとえば、１％理解できる状態を表わすのか、大きな程度の差があります。(52) では、「かろうじて理解できる」ことを、文脈から（=「ひどい日本語訛りの発音で話すので」）概算的に「理解できない」状態と見なして、barely が否定的に解釈されています。一方 (32) では、「かろうじて理解できる」のを、文脈から（=「集中して聞けば」）何とか理解できるというふうに、積極的に「理解できる」と見なし、barely が肯定的に解釈されることになります。

【まとめ】

本章では、barely が、肯定的表現として用いられる場合と否定的表現として用いられる場合の両方があることを観察しました。

(53) 肯定的表現
- a. I **barely** passed the final exam for the course.（=36）
「私はかろうじて、そのコースの期末試験にパスした。」
- b. The Trojans **barely** won the game 34-31.（=41a）
「トロージャンズは、３４対３１でかろうじて試合に勝った。」
- c. Mary **barely** caught the last train home.（=41d）
「メアリーは、かろうじて最終電車に乗ることができた。」
- d. John's **barely** a teenager.（=41e）
「ジョンは、ティーンエイジャーになったばかりだ。」

(54) 否定的表現
- a. He **barely** had time to spend with his children.（=47b）
「彼は、子どもと一緒に過ごす時間がほとんどなかった。」
- b. I can **barely** understand him.（=48b）
「私は、彼の言うことがほとんど理解できなかった。」
- c. He could **barely** make *any* headway.（=31b）
「彼は、ほとんど前進することができなかった。」
- d. Because of construction noises outside, the lecture was **barely** audible.
「外の工事の音で、講義はほとんど聞き取れなかった。」

そして、barely が肯定的表現としてしか解釈されない文は、その文が表わす陳述、たとえば「試験にパスする」や「試合に勝つ」が、かろうじてパスしたり、かろうじて勝っても、パスしたり、勝ったことには違いがないためです。つまり、barely が肯定的表現としてしか解釈されない文は、その文が表わす動作、状態が、たとえイエス・ノーの境界線を越える部分が極少、あるいはゼロであっても、イエスの領域に入る文です。一方、barely が否定的表現として解釈されるのは、その文が表わす陳述、たとえば「子どもと一緒に過ごす」や「彼の言うことが理解できる」には、程度の差があり、ほんの少し一緒に過ごしたり、かろうじて理解できるということは、概算すると、ほとんど一緒に過ごさなかったり、ほとんど理解できない、という否定的状態と見なすことができるからです。つまり、barely が否定的表現として解釈されるのは、その文が表わす動作、状態が、イエス・ノーの境界線を越える部分が極少、あるいはゼロであれば、ノーの領域に入る文です。そして、barely が肯定的表現としても否定的表現としても解釈され得るような文（たとえば X can barely understand him.）は、その文の陳述が表わす動作、状態が、たとえイエス・ノーの境界線を越える部分が極少、あるいはゼロであっても、イエスの領域に入る文（たとえば (32) の「理解できるかできないか」）とも解釈できるし、また、イエス・ノーの境界線を越える部分が極少、あるいはゼロであれば、ノーの領域に入る文（たとえば、(52) の「どの程度に理解できるか」）とも解釈される文の場合ということになります。

　以上から、どうして barely という単語が肯定的表現として用いられたり、否定的表現として用いられたりするのか、またどうして、barely の肯定解釈しか許さない文、barely の否定解釈しか許さない文があるのかという、本章冒頭であげた謎が解けました。

Only

第9章

● Only と「主語・助動詞倒置」

まず、次の2文を見てください。

(1) a.　He moved to Chicago *only last week*.
　　b.　He eats with his children *only on Sundays*.

ここで、(1a, b) の only last week, only on Sundays を文頭に出すとどうなるでしょうか。

(2) a.　Only last week *he moved* to Chicago.
　　b.　*Only last week *did he move* to Chicago.
(3) a.　*Only on Sundays *he eats* with his children.
　　b.　Only on Sundays *does he eat* with his children.

(2) では、only last week が文頭に出ても、主語・助動詞倒置が起こらず、he moved となりますが、(3) では、only on Sundays が文頭に出ると、主語・助動詞倒置が起こり、does he eat となり、he eats とは言えません。Last week も on Sundays も、時を表わす副詞なのに、only がつくとなぜこのような違いがあるのでしょうか。

さらに次の2文を見てください。

(4) a. We can live for a long time *with only water*.
　　b. We can fill these bottles *only with water*.

ここでも、with を伴う句を文頭に出してみましょう。

(5) a. With only water *we can* live for a long time.
　　b. *With only water *can we* live for a long time.
(6) a. *Only with water *we can* fill these bottles.
　　b. Only with water *can we* fill these bottles.

(5) では、with only water が文頭に出ても、主語・助動詞倒置が起こらず、we can となりますが、(6) では、only with water が文頭に出ると、主語・助動詞倒置が起こり、can we となり、we can とは言えません。(5)（や (4a)）では、only が water の直前にあり、(6)（や (4b)）では only が with water の直前にあり、語順に若干の違いはありますが、only を伴う句が文頭に出ると、どうして主語・助動詞倒置が (5) では起こらず、(6) では起こるのでしょうか。

本章では、上のような only を伴う句の振る舞いの違いがなぜ生じるのかを、only や only を伴う句の意味を考えることによって明らかにしたいと思います。

● 「主語・助動詞倒置」を引き起こすもの

「主語・助動詞倒置」が起こるのは、第 1 章で観察したように、文全体を否定する《文否定》の要素が文頭に現われる場合でした。そのため、次の (7)、(8) では、文頭の never や not a single fish が文否定の要素なので、(a) のように主語・助動詞倒置が起こり、

(b) のようには言えません。

(7) a. Never *will I* make such a mistake again.
    b. *Never *I will* make such a mistake again.
(8) a. Not a single fish *could he* catch.
    b. *Not a single fish *he could* catch.

Never や not, no, nothing, nobody などは、形の上でも意味の上でも否定要素であることが明白ですが、形の上では否定ではないのに、否定の意味をもつ単語があります。Few や little がそうで、これらが「ほとんど（い）ない」という否定の意味をもち、肯定の意味を表わす a few や a little と違うことは、すでに第6章で観察したとおりです。また、seldom, rarely, scarcely, hardly なども、形の上では否定ではありませんが、seldom, rarely が「めったに...ない」(=*not* often)、scarcely, hardly が「ほとんど...ない」(=almost *not*) という意味を表わすことから分かるように、否定の意味を含んでいます。そのため、これらの副詞が文頭に現われると、次のように主語・助動詞倒置が起きます。

(9) a. Seldom *have I* heard such a beautiful song.
    「こんなに美しい歌はめったに聞いたことがない。」
    b. *Seldom *I have* heard such a beautiful song.
(10) a. Hardly *had we* reached the hotel when it began to rain heavily.
    「ホテルに着くなり（着くか着かないうちに）大雨が降り出した。」
    b. *Hardly *we had* reached the hotel when it began to rain heavily.

以上から、文頭に《文否定》の意味をもつ要素が現われると、主語・助動詞倒置が起こることが分かります。

● 2種類の only

それでは、本章冒頭の (1a, b)（以下に再録）を考えてみましょう。

(1) a. He moved to Chicago *only last week*.
「彼はつい先週、シカゴに引っ越した。」
b. He eats with his children *only on Sundays*.
「彼は日曜日だけ、子供たちと一緒に食事をする。」

(1b) から先に見てみると、この文の only on Sundays は、「日曜日だけ」という意味で、この文は、彼が子供たちと一緒に食事をするのは日曜日だけだと述べています。つまり、彼は日曜日以外は子供たちと一緒に食事をしないわけで、ここに否定の意味が含まれています。これに対し、(1a) の only last week は、「つい／ほんの先週」という意味で、この文は、彼がシカゴに引っ越したのが、ほんの先週のことだと述べています。つまり (1a) では、彼が先週だけシカゴに引っ越して（またもとの場所に戻り）、先週以外はシカゴに引っ越さなかったというような状況は通例あり得ず、「ほんの先週シカゴに引っ越した」という意味しかありません。つまり、(1a) の only には否定の意味が含まれていません。

ここで、only が「つい／ほんの...」という意味を表わす場合を「**肯定的 only**」、「**ただ...だけ（ただ...しかない）**」という意味を表わす場合を「**否定的 only**」と呼ぶことにしましょう（【付記1】参照）。

上の記述で、only が「つい／ほんの...」という（肯定の）意味を表わすのは、(1a) の only last week のように、only が「過去を表わす副詞を修飾して、発話時点（あるいは、話題になっている時点）とその副詞が表わす時点との間隔が小さい（短い）ことを表わす」場合のみであることに注意してください。日本語でも同様で、たとえば、「つい先日」とか「ほんの３日前」のように、発話時点と副詞が表わす時点との間隔が小さい場合は自然な表現となりますが、たとえば、「＊ついそのとき」とか「＊ほんの昔／１２年前」のように、副詞が表わす時点が発話時点に近いことが示されなかったり、発話時点との間隔が大きい場合は不自然です。実は、このような場合の only は、「ただ...だけ」という否定の意味も表わし得るのですが（この点は、以下の (13) で述べます）、(1a) では、「彼が先週だけシカゴに引っ越した」というような状況は通例あり得ないので、文脈上、この意味が排除されたわけです。したがって、たとえば only yesterday のような表現のみであれば、「つい／ほんの昨日」という肯定の意味と、「昨日だけ」という否定の意味の両方をもち、曖昧で、この点は以下の (17) - (20) で考察します。一方、only が過去を表わす時の副詞以外の要素を修飾するときは、(1b) の only on Sundays（「日曜日だけ」）のように、「ただ...だけ」の意味となります。

　これで、(2), (3)（以下に再録）の謎が解けました。

(2) a. Only last week *he moved* to Chicago.
　　b. *Only last week *did he move* to Chicago.
(3) a. *Only on Sundays *he eats* with his children.
　　b. Only on Sundays *does he eat* with his children.

(2) は、「つい先週、彼はシカゴに引っ越した」という肯定の意

味で、この文の only last week には否定の意味がないので、主語・助動詞倒置が起こりません。一方 (3) は、「日曜日だけ、彼は子供たちと一緒に食事をする（それ以外の日は一緒に食事をしない）」という、否定の意味を含んでおり、only on Sundays は否定的意味をもっているので、主語・助動詞倒置が起こることになります。《肯定的 only》は主語・助動詞倒置を引き起こさないのに対し、《否定的 only》は主語・助動詞倒置を引き起こすというわけです。

　ここで、(2) と同様の例を見ておきましょう。次の (11), (12) では、only が、last week, last Tuesday という、(発話時点との間隔が小さいことを表わす) 過去を表わす副詞を修飾しており、「つい／ほんの...」という肯定的意味を表わしているので、主語・助動詞倒置が起こりません。

(11) a. Only last week *you said* you would never smoke again. That didn't last long, did it?
　　　　「つい先週、君はもうタバコを吸わないって言ったのに、長続きしなかったね。」
　　 b. *Only last week *did you say* you would never smoke again. That didn't last long, did it?
(12) a. Only last Tuesday *I talked* to Mary about the problem.
　　　　「ほんの先日の火曜日に、私はその問題についてメアリーと話をした。」
　　 b. *Only last Tuesday *did I talk* to Mary about the problem.

　(2) や (11) の only last week は、「つい先週」という肯定の意味でしたが、次のような文脈では、only last week が「ただ先週だけ」という否定の意味をもっています。

(13)　　This academic year, I have attended nearly all lectures given by invited speakers. Only last week *did I* miss one.
　　　　「今年度、私は招待講演で来られた先生の講義にほとんどすべて出席した。でも先週だけ、ひとつ休んでしまった。」

(13) の第2文は、講義を休んだのは先週だけだと述べており、先週以外は休まなかったので、ここに否定の意味が含まれています。そのため、did I ... と主語・助動詞倒置が起きています。
　今度は、(3) と同様の例を見てみましょう。

(14) a. *Only in Hawaii *these flowers grow*.
　　 b. Only in Hawaii *do these flowers grow*.
　　　　「ハワイでだけこの花は咲きます（他の地域では咲きません）。」
(15) a. *Only once *she had* complained to me.
　　 b. Only once *had she* complained to me.
　　　　「一度だけ彼女は私に不平を言った（それ以外は不平を言わなかった）。」
(16) a. *Only then *I understood* what she meant.
　　 b. Only then *did I understand* what she meant.
　　　　「そのときだけ（そのとき初めて）彼女の言おうとしたことが分かった（それ以前は分からなかった）。」

(14) では、only が場所を表わす副詞を修飾し、過去の時を表わす副詞を修飾しているのではないので、「つい／ほんの ...」という肯定的解釈を受けることができません。また、(15), (16) では、only が過去を表わす副詞を修飾してはいますが、これらの

文は、「過去に一度」、「その時」と、発話時点（あるいは、話題になっている時点）との間の時間的間隔が短いということを表わそうとしている文ではないので、only は「ほんの／つい」という肯定的解釈を受けることができません。したがって、(14) – (16) の only は「ただ...だけの」という否定的解釈のみが可能で、主語・助動詞倒置が起こります。

《肯定的 only》と《否定的 only》の違いは、主語・助動詞倒置だけでなく、たとえば次のように、否定対極表現の any や ever と共起するかどうかにも見られます。

(17) a. *Only a few days later* he received *any / *some* money from his mother.
「ほんの数日後に、彼は母親からお金を受け取った。」
b. *Only then* did he realize he had *any* chance of winning.
「そのとき初めて彼は勝つ見込みがあるのが分かった。」
c. *Only two of them* had *any* experience in teaching English.
「彼らの2人だけが英語を教えた経験があった。」
d. *Only one person* has *ever* succeeded in reaching the top of the mountain.
「これまで1人しかこの山に登頂できなかった。」

Only a few days later という表現の only は、「数日後になって初めて」という意味の否定の only と、「ほんの（数日後に）」という意味の肯定の only の両方の解釈ができますが、(17a) では、主語・助動詞倒置が起きていないので、肯定の only の解釈しかできません。したがって、否定対極表現の any は用いられず、some なら適格となります。一方、(17b, c) の only then や only two of them の only は、「そのとき初めて」、「彼らの2人だけが」という意味の《否定的 only》なので、否定対極表現の any が適格となります。(これらの文では some も可能で、「勝つ見込みがいくらかある」、「英語を教えたいくらかの経験がある」という意味を表わします。) さらに (17d) では、only one person が、「1人だけ(成功した)」、すなわち「1人しか(成功し)なかった」という否定的意味を表わしているので、否定対極表現の ever が用いられます。

 (17c, d) では、only two of them, only one person を「彼らのうちのほんの2人が」、「ほんの1人の人が」のように、「ほんの」を使って日本語訳をすることも可能ですが、two of them, one person は人を表わし、過去を表わす時の副詞ではないことに注意してください。そのため、「ほんの」を用いて仮に日本語訳をしたとしても、これらの表現は、「他の人は英語を教えた経験がなかった」、「他の人はこの山に登頂できなかった」という、否定の意味を伝達しており、only が《否定的 only》として解釈されています。

 Only が過去を表わす時の副詞を修飾する場合、肯定的 only か否定的 only か、曖昧な場合もあります。次の文を見てください。

(18)　John skipped school *only last Tuesday*.
　　　解釈 (A): ジョンはつい先日の火曜日に学校をサボった。　肯定的 only
　　　解釈 (B): ジョンは先日の火曜日だけ学校をサボった。(ジョンは先週の火曜日にしか学校をサボらなかった。) 否定的 only

(18) の文は、何ら文脈が与えられなければ、only が「つい／ほんの...」という意味を表わす解釈 (A) と、only が「ただ...

だけ、…しか…ない」という意味を表わす解釈（B）をもち、曖昧です。そのため、only last Tuesday を文頭に出すと、次のように、主語・助動詞倒置が起きても起きなくても適格文となります。

(19) a. Only last Tuesday *John skipped* school.
「つい先日の火曜日にジョンは学校をサボった。」
   b. Only last Tuesday *did John skip* school.
「先日の火曜日だけジョンは学校をサボった。」

主語・助動詞倒置が起きていない（19a）は、only last Tuesday が、「つい先日の火曜日に」という肯定的意味を表わしています。一方、主語・助動詞倒置が起きている（19b）は、only last Tuesday が、「先日の火曜日だけ」という否定的意味を表わしています。
　(18) の文の曖昧性は、たとえば次のような文脈に入れられると、その曖昧性が解消します。

(20)　John hates school and sometimes doesn't attend. In fact, *he skipped school only last Tuesday*, and went fishing.
　　　肯定的 only
「ジョンは学校が嫌いで、時々学校に行きません。実のところ、つい先日の火曜日も学校をサボり、釣りに行きました。」

(21)　John likes school and studies hard. *He skipped school only last Tuesday*, because he wanted to go to the funeral of a friend's mother.　否定的 only
「ジョンは学校が好きで、勉強家です。でも先日の火

曜日だけ学校をサボりました。というのは、友達のお母さんのお葬式に出席したかったからです。」

(20)のような文脈では、(18)の文が解釈（A）で用いられており、onlyが肯定的ですが、(21)のような文脈では、(18)の文が解釈（B）で用いられており、onlyが否定的であることが明らかです（【付記2】参照）。

●「...だけで」と「...でだけ」

さて、onlyが「ただ...だけ」という意味を表わす場合でも、それが肯定的onlyに解釈される場合と、否定的onlyに解釈される場合があります。(4a, b)（以下に再録）を見てみましょう。

(4) a. We can live for a long time *with only water*.
「私たちは水だけで長い間生きられる。」
b. We can fill these bottles *only with water*.
「私たちはこのビンを水でだけいっぱいにすることができる（水以外のものは入れられない）。」

(4a)は、「私たちは水だけで長い間生きられる」という意味で、もちろん水以外のものを飲んだり食べたりしても生きられますが、水だけでも長い間生きられると述べています。逆に言えば、水以外のものでは長い間生きられないとは言っていません。そのため、この文のwith only waterは、肯定的意味をもっています。一方(4b)は、「このビンは水でだけいっぱいにすることができる」、つまり、「水以外のものを入れていっぱいにしてはいけない」と述べています。したがって、この文のonly with waterは、

否定の意味をもっています。

これで、(5), (6)（以下に再録）の謎が解けました。

(5) a. With only water *we can* live for a long time.
　　b. *With only water *can we* live for a long time.
(6) a. *Only with water *we can* fill these bottles.
　　b. Only with water *can we* fill these bottles.

(5) の with only water は、「水だけで」という肯定的意味を表わすので、主語・助動詞倒置が起こりません。一方、(6) の only with water は、「水でだけ」という否定的意味を表わすので、主語・助動詞倒置が起こるというわけです。

(4a) や (5a) の with only water が、日本語で「水だけで」と訳され、(4b) や (6b) の only with water が、日本語で「水でだけ」と訳されるのは、とても興味深く思われます。なぜなら、「だけで」という表現は、肯定的 only に対応し、「でだけ」という表現は、否定的 only に対応していると考えられるからです。次の文を見てください。

(22) a. この病気は漢方薬だけで治せる。
　　 b. この病気は漢方薬でだけ治せる。
(23) a. そこへはバスだけで行ける。
　　 b. そこへはバスでだけ行ける。

(22a) の「漢方薬だけで」は、「他のもっと強力な治療法を用いないで、漢方薬で治せる」という肯定的表現です。一方 (22b) の「漢方薬でだけ」は、「他のいかなる治療法を用いても治せない」という否定的表現です。同様のことが (23a, b) についても

言え、(23a) の「バスだけで」は、「他の交通手段を用いないでも、バスで行ける」という肯定的表現ですが、(23b) の「バスでだけ」は、「他のいかなる交通手段を用いても行けない」という否定的表現です。したがって、「だけで」は肯定的 only に、「でだけ」は否定的 only に対応していることが分かります。

「これで治ります」

「これ以外に、治すすべはありません」

この病気は漢方薬だけで治せる。(=22a)

この病気は漢方薬でだけ治せる。(=22b)

● **動詞句削除**

《肯定的 only》と《否定的 only》のさらなる違いを示す前に、この節では「動詞句削除」について簡単に説明しておきましょう（第 6 章の (20) - (23)、および第 8 章の (4) - (6), (8) - (10) も参照してください）。まず、次の文を見てください。

(24) a.　John has some money, and Bill does ∅ , too.
　　　　[∅ = have some money]
　　b.　*John has no money, and Bill does ∅ , too.
　　　　[∅ = have no money]
(25) a.　John often eats out, and Bill does ∅ , too.
　　　　[∅ = often eat out]

b. *John seldom eats out, and Bill does ∅ , too.
 [∅ = seldom eat out]

(24a, b),(25a, b)の第2文では、いずれも、助動詞 does のあとの動詞句が削除されていますが、(24a),(25a)は適格で、(24b),(25b)は不適格です。その理由は、適格な(24a),(25a)の削除された動詞句は、「お金をいくらかもっている」、「しばしば外食をする」という、肯定的表現なのに対し、不適格な(24b),(25b)の削除された動詞句は、「お金をまったくもっていない」、「めったに外食をしない」という、文否定の表現だからです。つまり、動詞句削除は、《文否定辞》((24b)の no、(25b)の seldom)を含んだ動詞句には適用できません。そして、(24b),(25b)は、次のように、文否定辞を明示して表現しなければいけません。

(26) a. John has no money, and Bill *doesn't* ∅ , *either*. (cf. 24b)
 b. John seldom eats out, and Bill *doesn't* ∅ , *either*. (cf. 25b)

動詞句削除が文否定辞を含んだ動詞句には適用できないという点は、第6章でも簡単に見たように、肯定的意味を表わす a little (a few) と否定的意味を表わす little (few) についてもあてはまります(第6章の(21),(22)を参照)。次の文の動詞句削除を見てみましょう。

(27) a. John has *a little* money in the bank. He does ∅ because he has been saving $100 a month for the past ten years.
 [∅ = have *a little* money in the bank]
 b. John has *little* money in the bank. *He does ∅ because he has withdrawn most of his savings to buy a new car.

[∅ = have *little* money in the bank]

（27a）の第 2 文で削除されている要素は、have a little money in the bank で、この動詞句削除は適格です。なぜなら、a little が少ない量を表わすものの、肯定的表現であるからです。一方、（27b）の第 2 文で削除されている要素は、have little money in the bank で、この動詞句削除は不適格です。なぜなら、little が「ほとんどない」という否定的表現であり、動詞句削除がこのような文否定辞を含んだ要素には適用できないからです。

● 肯定的 only と否定的 only のさらなる違い

それではまず、次の文を見てみましょう。

(28) a.　John can speak *even* Japanese, and Bill can ∅ , too.
　　　　　[∅ = speak *even* Japanese]
　　 b.　*John can speak *only* English, and Bill can ∅ , too.
　　　　　[∅ = speak *only* English]

（28a）の第 2 文の削除されている要素は、[speak even Japanese] で、これは、「日本語さえ話す」という肯定的表現です。よって、この動詞句削除は適格となります。一方、（28b）の第 2 文の削除されている要素は、[speak only English] で、これは、「英語だけ話す」、つまり「英語しか話せない」という否定的表現です。そのため、動詞句削除が適用できず、この文は不適格となります。

次の談話に見られる動詞句削除に関しても、同様のことが言えます。

(29) John speaks *only* English — *he does ∅ because he didn't take any foreign language courses in college.   [∅ = speak *only* English]

(29)の動詞句は、「英語しか話せない」という、否定的な意味内容を表わしています。よって、その否定的表現の動詞句を削除しているので、不適格となります。

しかし、上記のような動詞句削除が常に不適格になるわけではありません。次の談話の動詞句削除を見てみましょう。

(30) a. Speaker A: Can John speak *only* Japanese when he is with Japanese visitors?
　　　Speaker B: Yes, he can ∅.
　　　　　[∅ = speak *only* Japanese]
　　b. Speaker A: Does John speak *only* Japanese when he is with Japanese visitors?
　　　Speaker B: Yes, he does ∅.
　　　　　[∅ = speak *only* Japanese]

(30aB)、(30bB)でも、削除されている動詞句は、onlyを含んだspeak only Japaneseです。しかし、それにもかかわらず、これらの動詞句削除はまったく自然で、適格です。これはなぜでしょうか。それは、(30a, b)の動詞句が、「日本語しか話せない」という、否定的な意味内容を表わすのではなく、「ジョンは、日本人のお客と一緒のときは、日本語だけで会話することができる」という、肯定的な意味内容を表わしているからです。よってその動詞句は、否定的表現を含まないので、削除することができるわけです。

次の動詞句削除の適格性の違いについても、同様のことが言えます。

(31) a. John can drink *only* water today. *He can ∅ because he has a stomach examination tomorrow morning.
[∅ = drink *only* water today]
b. John would be able to drink *only* water for a week. He would be able to ∅ because he has quite a bit of experience with hunger striking.
[∅ = drink *only* water for a week]

(31a)の第2文の動詞句削除は不適格ですが、(31b)の第2文の動詞句削除は適格です。(31a)は、「ジョンは、明日の朝、胃の検査があるので、今日は水しか飲めない」という意味で、削除されている動詞句 [drink *only* water today] は、「今日は水しか飲めない」という否定的な意味内容を表わしています。よって、その否定的表現の動詞句を削除しているので、不適格となります。一方、(31b)は、「ジョンは、ハンガーストライキの経験がたくさんあるので、一週間水だけを飲むことができるだろう」という意味で、削除されている動詞句 [drink *only* water for a week] は、「一週間水しか飲めない」という、否定的な意味内容を表わすのではなく、「一週間水だけを飲むことができる」という、肯定的な意味内容を表わしています。よって、その肯定的表現の動詞句を削除しているので、適格となります。

以上観察したように、only が、文脈によって否定的な意味となれば、動詞句削除が適用されず、文脈によって肯定的な意味となれば、動詞句削除が適用できます。したがって、《肯定的 only》か《否定的 only》の違いは、このような動詞句削除の適用可能

性にも現われます。

● 「構成素否定」と「文否定」

　最後に、only が構成素否定となるか文否定となるかによって、さまざまな違いが生じることを見ておきましょう。まず、次の2文を見てください。

(32) a.　Bill voted for the advocate of *only* one issue.　**構成素否定**
　　　　「ビルは、1つの重要課題のみを支持する人に投票した。」
　　b.　Bill could remember the name of *only* one person he met at the party.　**文否定**
　　　　「ビルは、パーティーで会った一人の人しか名前を思い出すことができなかった。」

　(32a, b) では、only one issue, only one person という、形式上、同じ表現が使われていますが、これらの文の意味を考えてみると、大きな違いがあることに気づきます。(32a) では、only が one issue にのみかかり、only one issue は、「(2つ以上ではなく) 1つの重要課題のみ」という意味です。つまり、only は one issue にのみかかる《構成素否定》です (第1章参照)。そして、(32a) の文全体は肯定文で、「ビルは、1つの重要課題のみを支持する人に投票した」と述べています。一方 (32b) では、only が one person の直前にあるものの、意味的には the name of one person (he met at the party) にかかり、「(パーティーで会った) 一人の人の名前のみ」という意味です。そうすると、この文全体は、「ビルは、パーティーで会った一人の人の名前のみ思い出すことがで

きた」、言い換えれば、「ビルは、パーティーで会った一人の人の名前しか思い出すことができなかった」という、《文否定》の意味を表わしています（第1章参照）。つまり、(32b) の only は、(32a) の only と同様に、文中深く埋め込まれていますが、意味の点では文全体が否定文であることを含意する、文否定の only です。

　上記の違いのために、(32a) と (32b) の文は、いくつかの点で異なる振る舞いをします。まず、主語・助動詞倒置に関して、次の文を見てみましょう。

(33) a.　Bill voted for the advocate of *only* one issue. (=32a)
　　 b.　*The advocate of *only* one issue *did Bill* vote for.
(34) a.　Bill could remember the name of *only* one person at the party. (cf. 32b)
　　 b.　The name of *only* one person at the party *could Bill* remember.
　　 c.　*Only* one person at the party *could Bill* remember the name of.

(33a) (=32a) の目的語 the advocate of only one issue を (33b) のように文頭に出しても、この only は《構成素否定》で、文全体は肯定文なので、did Bill のような主語・助動詞倒置は起こりません。一方、(34a) の目的語やその一部を (34b, c) のように文頭に出すと、この only は《文否定》で、文全体が否定文であることを含意するので、could Bill のように主語・助動詞倒置が起きます。

　否定対極表現が現われるかどうかに関しても、違いがあります。

(35) a. *The advocate of *only* one issue has *ever* been elected.

「1つの重要課題のみ支持する人が選ばれた。」

b. The name of *only* one person has *ever* been mentioned as a potential candidate for that position.

「その職の候補者として一人の人の名前しか言及されなかった。」

(35a) の only は《構成素否定》で、文全体は「(1つの重要課題のみを支持する) 支持者が選ばれた」という肯定文です。そのため、否定対極表現の ever が用いられたこの文は、不適格です。一方、(35b) の only は、「一人の人の名前のみ言及された」、つまり、「一人の人の名前しか言及されなかった」という、《文否定》を含意する only です。そのため、否定対極表現の ever が用いられたこの文は、適格です。

さらに動詞句削除を見てみましょう。

(36) a. John voted for the advocate of *only* one issue, and Bill did ∅, too.

[∅ = vote for the advocate of *only* one issue]

b. *John could remember the name of *only* one person he met at the party, and Bill could ∅, too.

[∅ = remember the name of *only* one person he met at the party]

(36a) の第2文で削除されている動詞句は、《構成素否定》の only を含むのみで、動詞句自体は肯定なので、この動詞句削除は適格です。一方、(36b) の第2文で削除されている動詞句には、《文否定》の only が含まれています。そのため、この動詞句

には動詞句削除が適用できず、(36b) は不適格となります。

　以上、本章での only に関する考察を通して、only がそれぞれの文でどのような意味を表わしているかを考え、《肯定的 only》なのか、《否定的 only》なのかを区別することが重要であることが明らかになったことと思われます。

付記・参考文献

【第1章】
【付記】 練習問題 (1) - (3) の (a) と (b) の正解を以下に示します。

(i) We'll get to Boston in *no* time. ［構成素否定］（=1a）
   a. We'll get to Boston in no time, *won't* we? ［付加疑問］
   b. *In no time *will we* get to Boson./In no time, we'll get to Boston. ［主語・助動詞倒置］
   c. *In no time, we'll get *anywhere*. ［否定対極表現］
   d. We'll get to Boston in no time, and *so/*neither* will they. ［so/neither］

(ii) This door must be left unlocked at *no* time. ［文否定］（=1b）
   a. This door must be left unlocked at no time, *must* it? ［付加疑問］
   b. At no time *must this door* be left unlocked./*At no time, this door must be left unlocked. ［主語・助動詞倒置］
   c. At no time must *any* door be left unlocked. ［否定対極表現］
   d. This door must be left unlocked at no time, and *so/neither* must that door. ［so/neither］

(iii) John could remember the name of *nobody* he met at the party. ［文否定］（=2a）
   a. John could remember the name of nobody he met at the party, *could* he? ［付加疑問］
   b. The name of nobody he met at the party *could John*

remember./*The name of nobody he met at the party, John could remember. ［主語・助動詞倒置］

c. The name of nobody he met at the party could John *ever* remember. ［否定対極表現］

d. John could remember the name of nobody he met at the party, and **so/neither* could Bill. ［so/neither］

(iv) John despised people with *no* principles. ［構成素否定］（=2b）

a. John despised people with no principles, *didn't* he? ［付加疑問］

b. *People with no principles *did John* despise./People with no principles, John despised. ［主語・助動詞倒置］

c. *People with no principles, John *ever* despised. ［否定対極表現］

d. John despised people with no principles, and *so/*neither* did Bill. ［so/neither］

(v) Jim went to France with *no* money. ［構成素否定］（=3a）

a. Jim went to France with no money, *didn't* he? ［付加疑問］

b. *With no money *did Jim* go to France./With no money, Jim went to France. ［主語・助動詞倒置］

c. *With no money, John went *anywhere*. ［否定対極表現］

d. Jim went to France with no money, and *so/*neither* did Bill. ［so/neither］

(vi) Jim gives money to *no* charities. ［文否定］（=3b）

a. Jim gives money to no charities, *does* he? ［付加疑問］

b. To no charities *does Jim* give money./*To no charities, Jim

gives money.［主語・助動詞倒置］
- c. To no charities does Jim give *anything*.［否定対極表現］
- d. Jim gives money to no charities, and *so/neither* does Bill. [so/neither]

【第2章】
【付記1】 「生成文法」と呼ばれる文法理論では、助動詞文の構文的構造には、助動詞に続く動詞句の主語としての PRO が想定されていませんが、本書では、意味構造の統一的記述を計るため、(4) と (8) が同じ埋め込み文構造を持つものと想定しました。

【付記2】 日本語の2重否定に「...なくはない」というパターン、たとえば「悲しくなくはない」、もよく使われますが、このパターンは、「...ないという状態は存在する」という意味の「...なくはある」、たとえば「悲しくなくはある」、の否定形ですから、やはり、構文法的にも複文構造になっているものと想定されます。

【付記3】 練習問題（1a-d）の意味を以下に述べます。
- (1) a. **No one** has **nobody** he/she loves.
   「誰も自分が愛している人がいないなんて人はいない：誰も誰か自分の好きな人がいる。」
   (= Everyone has somebody he/she loves.)
  - b. **Nobody** said **nothing**, but most people didn't say much.
   「何も言わなかった人は一人もいなかった。しかし、ほとんどの人があまりしゃべらなかった。」
   (=Everybody said something.)

c. **Not** all imperatives have **no** subject.（Quirk et al. 1985: 799）

「すべての命令文が主語がないわけではない；主語がある命令文もある。」

(= Some imperatives have a subject.)

d. **Never** before had **none** of the committee members supported the mayor.（同上）

「委員会のメンバーの誰もが、これまで市長を支持しなかったわけではない；委員会のメンバーの何人かはこれまで常に市長を支持した。→ 委員会のメンバーが一人も市長を支持しなかったのは今回が初めてだ。」

(= There had always been some committee members before who had supported the mayor.)

☆ Quirk, Randolph, Sidney Greenbaum, Geoffrey Leech and Jan Svartvik（1985）*A Comprehensive Grammar of the English Language*. London: Longman.

【第3章】
【付記1】 本文で述べたように、付加疑問の形は、複文の場合、通例、埋め込み文ではなく主節につきますが、次のように、主節の主語が1人称のIで、主節の動詞がsuppose や think などの思考動詞の場合は、埋め込み文につきます。

(i) I suppose that you're not serious, $\begin{Bmatrix} \text{are you?} \\ \text{*don't I?} \end{Bmatrix}$

この点は、I suppose が次に示すように、挿入的要素として機能しており、主節はむしろ You're not serious であるということから

納得のいくものだと思われます。
　（ii）　　You're not serious, I suppose.

【付記2】　All, every, both などが not と共起する場合に、全体否定と部分否定の解釈が得られるのに対し、most, some, several などが not と共起する場合は、全体否定の解釈のみで、部分否定の解釈は得られません。この点の詳細やその理由に関しては、加賀（1997）を参照してください。

【付記3】　英語には、(34)（下に (ia) として再録）で観察したような「話題化文」に加え、次の (ib) に示すような「左方転位文」（Left Dislocation）と呼ばれる文があります。
　（i）　a.　All of these books, I haven't read.　［話題化文］（=34）
　　　　b.　All of these books, I haven't read them.　［左方転位文］
ここで、本文で観察した (ia) だけでなく、(ib) でも、all > not の全体否定の解釈（つまり、「これらすべての本を1冊も私は読んでいない」）しかなく、not > all の部分否定の解釈（つまり、「私はこれらの本のすべてを読んだわけではない」）はありません。したがって、《否定の作用域内の要素取り出し禁止制約》は、否定の作用域内の要素を取り出した場合に適用するだけでなく、(ib) のように、もとから否定の作用域にない要素にも適用する制約であることが分かります。

☆　加賀信広（1997）「数量詞と部分否定」廣瀬幸生・加賀信広『指示と照応と否定』研究社。

【第5章】

【付記1】 (12b) の *Why don't you tell him anything about her? は、「彼女のことを何か彼に言ったらどうですか？（言うべきだ）」という、話し手の肯定的意味合いを伝達しているので、anything が用いられませんが、Why don't you 〜 ? が、このような話し手の聞き手に対する「提案」を述べる表現ではなく、文字通りの意味で「あなたはなぜ〜しないのですか？」という、話し手の聞き手に対する「質問」を表わす場合は、《非肯定》なので、この文が適格となります。そのため、たとえば次のような文脈では、最後の文（=12b）が適格です。

(i) ［文脈］母親が、ガールフレンドができた息子に話している場面。父親は、そのガールフレンドのことを聞きたいが、息子は何も話そうとしないので、母親は息子に次のように言う。

> Your father has been asking me about Ashley. You've been spending a lot of time over at her house and she calls here all the time. Dad has asked you about her a few times but you've never opened up about her. *Why don't you tell him anything about her?*

(i) の最後の文は、母親が息子に「どうしてお父さんに彼女（アシュリィー）のことを話さないの？」という質問をしているため、anything が用いられます。ここで、この文の don't を won't に代えて、次のように言うこともでき、その方がより自然に感じられる、とあるネイティヴ・スピーカーは話してくれました。

(ii) Why won't you tell him anything about her?

【付記2】「主語・助動詞倒置」は、次のような文で起こりますが、これらの文も《非肯定》の文脈ですので、any や ever の現わ

れる文脈と共通していると考えられます（この点に関しては、Goldberg（2006: Chapter 8）を参照）。

(i) 疑問文
　　a. *Will you* visit Boston in July?
　　b. Where *did he* buy that gorgeous car?

(ii) 条件文
　　a. *Had I* enough money, I could buy it immediately.
　　b. *Had he* received the letter, he would have proposed to her.

(iii) 否定倒置文
　　Not until yesterday *did he* read her letter.

(iv) 祈願文
　　May he rest in peace!

(v) Neither / Nor
　　a. She can't go, and neither *can I*.
　　b. I can't go, nor *do I* want to.

☆ Goldberg, Adele（2006）*Constructions at Work: The Nature of Generalization in Language*. Oxford: Oxford University Press.

【第7章】
【付記】　視点の一貫性は、同じ文の中での同じ事象の記述についてだけ要求されることで、異なった事象の記述の場合には要求されません。次の文を見てください。

　(i)　　*Many Europeans*, but *few Americans*, are multi-lingual.

話し手は、ヨーロッパ人の多言語性の記述には、多言語を話せる人の視点をとって many Europeans という表現を用い、アメリカ人の多言語性の記述には、多言語を話せない人の視点をとって、

few Americans という表現を用いています。(i) が適格文であるという事実は、Europeans と Americans という異なった事物の記述には、2つの一貫しない視点が許される、ということを表わしています。

【第8章】
【付記1】　第7章では、(18a, b) の a little や a few を含む文は、これらの肯定的表現が持つ「含意」（つまり、X の量は無ではない／X の数はゼロ（および1、2）ではない）を打ち消しており、含意は、「暗意」と異なり打ち消すことができないので、不適格になると説明しました。ただ本章では、第7章での含意や暗意についての考察を覚えておられない読者も想定し、より一般的で分かりやすい説明を行ないました。

【付記2】　第7章では、(19a, b) の little や few を含む文は、これらの否定的表現が持つ「暗意」（つまり、X の量は無ではない／X の数はゼロ（および1、2）ではない）を打ち消しており、暗意は、「含意」と異なり打ち消すことができるので、適格になると説明しました。ただ本章では、(18a, b) の場合と同じように、このような用語を用いないで、「概算的」という一般的な表現を使ってより平易な説明を行ないました。

【付記3】　(41f) はまったく自然な文ですが、話し手の中には、barely を just に替えて、He just missed the last train. としたほうがより自然だと言う人もいます。

【付記4】　否定文と肯定文を判別するテストとして、本書では付

加疑問文（第1－第3章、第6章）と主語・助動詞倒置文（第1章）も使えることを示しました。

(i) a. You **never** get angry, *do you*/**don't you*?

　　b. You **sometimes** get angry, *don't you*/**do you*?

(ii) a. **Never** *does he* get angry.

　　　　***Never** he gets angry.

　　b. ***Sometimes** *does he* get angry.

　　　Sometimes he gets angry.

英語の話し手は、barely を含んだ付加疑問文と主語・助動詞倒置文の適格性に関して不安定な判断を示すので、付加疑問文と主語・助動詞倒置文は、barely が否定の意味を表わすか肯定の意味を表わすかの本章のテストには使いませんでした。

【第9章】

【付記1】 （1a）の He moved to Chicago *only* last week. では、only を just に替えて、次の（ia）のように言ったり、only や just を動詞の直前に置いて、（ib）のように言うのも一般的です。

(i) a. He moved to Chicago *just* last week.

　　b. He *only* / *just* moved to Chicago last week.

また（1b）の He eats with his children *only* on Sundays. は、only を動詞の直前に置いて、次のように言うのも一般的です。

(ii) 　　He *only* eats with his children on Sundays.

動詞句の前に助動詞がある場合には、(ii) のパターンの only は助動詞と動詞の間に置かれます。たとえば、（4b）の We can fill these bottles *only* with water. は、しばしば次のようにも表現されます。

(iii) 　　We can *only* fill these bottles with water.

【付記 2】 『ジーニアス英和辞典』(大修館書店)には、only を伴う句が文頭にあり、主語・助動詞倒置が起こった次の文が示してあります。

(i) Only after an operation *will he* be able to walk again.
「手術を受けてようやく彼は再び歩けるようになるだろう。」

ただ、この文に伴う説明で、第 2 版 (1994 年発行) までの『ジーニアス英和辞典』では、「only ... を文頭に出すと倒置文となる」と書かれているのが、第 4 版 (2006 年発行) の『ジーニアス英和辞典』では、「only ... を文頭に出すとしばしば倒置文となる」と書き改められ、「しばしば」が付け加えられています。読者の方はもうお分かりだと思いますが、「only ... を文頭に出すと倒置文となる」という記述は、肯定的 only のことが考慮されていないので正しくなく、「only ... を文頭に出すとしばしば倒置文となる」という記述は、それではどのような場合に倒置文となり、どのような場合に倒置文とならないのかが示されていない点で、不十分です。もちろん、(i) が倒置文になっているのは、only が《否定的 only》だからです。一方、次のような文では、本文で観察したように、only が《肯定的 only》なので、倒置文にはなりません。

(ii) Only last week *he moved* to Chicago. (=2a)
(cf. *Only last week *did he move* to Chicago. (=2b))

[著者紹介]

久野 暲（くの・すすむ）
1964年にハーバード大学言語学科Ph.D.を取得し、同学科で40年間教鞭をとる。現在、ハーバード大学名誉教授。主な著作に『日本文法研究』（大修館書店、1973）、『談話の文法』（大修館書店、1978）、『新日本文法研究』（大修館書店、1983）、Functional Syntax (University of Chicago Press, 1987) などがある。

高見 健一（たかみ・けんいち）
1990年に東京都立大学文学博士号を取得し、静岡大学、東京都立大学を経て、現在、学習院大学文学部教授。主な著作に Preposition Stranding (Mouton de Gruyter, 1992)、『機能的構文論による日英語比較』（くろしお出版、1995）、『日英語の機能的構文分析』（鳳書房、2001）などがある。

なお、二人の共著による主な著作に Grammar and Discourse Principles (University of Chicago Press, 1993)、『日英語の自動詞構文』（研究社、2002）、Quantifier Scope（くろしお出版、2002）、Functional Constraints in Grammar (John Benjamins, 2004)、『日本語機能的構文研究』（大修館書店、2006）、『英語の構文とその意味』（開拓社、2007）、『日本語構文の意味と機能を探る』（くろしお出版、2014）などがある。

謎解きの英文法　否定

発行	2007年12月10日　第1刷発行 2021年 8 月 2 日　第4刷発行
著者	久野　暲・高見　健一
装丁	折原カズヒロ
イラスト	益田賢治
印刷所	藤原印刷株式会社
編集	岡野秀夫
発行所	株式会社　くろしお出版 〒102-0084 東京都千代田区二番町4-3 二番町カシュービル8F TEL 03-6261-2863　　FAX 03-6261-2879 http://www.9640.jp/　　e-mail:kurosio@9640.jp

Ⓒ Susumu Kuno, Ken-ichi Takami 2007 Printed in Japan

ISBN978-4-87424-391-6　C1082

●乱丁・落丁はおとりかえいたします。本書の無断転用・複製を禁じます。

謎解きの英文法　冠詞と名詞

久野暲・高見健一 著　192 頁　¥1,400 ＋税　ISBN 978-4-87424-301-5

名詞に a か the をつけるか、どちらもつけないか、単数・複数をどうするか……。ネイティブなら直感でわかるけれど日本人には難しい、冠詞と名詞の使い方。学校文法では解けない英文法の謎を、ネイティブの視点から著者と一緒に解くことで、その面白さや奥深さを再発見！

●目　次

はしがき

第1章　冠詞は何を意味するか？（1）—a（n）がつく場合、つかない場合
　コラム①　ポトラック（potluck）の語源は何？
第2章　冠詞は何を意味するか？（2）—the について
第3章　単数名詞と複数名詞（1）—目的語の位置の名詞句
第4章　a Few, Several と Some
第5章　Any, Every と Each
　コラム②　数量詞のさらなる違い
第6章　単数名詞と複数名詞（2）—主語の位置の名詞句
第7章　疑問代名詞 Who の不思議な特徴
　コラム③　英語と日本語では語順が逆
第8章　A Blonde, Who... か A Blonde, Which... か？
第9章　「僕はウナギだ」と "I am the Hamburger"
　コラム④　Submarine sandwich って何？
第10章　There 構文の意味上の主語
　　　—本当に「不特定の名詞句」しか用いられないか？

名詞のまとめ

付記・参考文献

謎解きの英文法　文の意味

久野暲・高見健一 著　232頁　¥1,500＋税　ISBN 978-4-87424-323-7

"Mary says that that honest man is a liar."
"I am liking you more and more."
どちらも一見、支離滅裂な文に見えるが、実はちゃんとした適格文。進行形、受身文、使役文、二重目的語構文、強調構文などに焦点をあて、文の意味の謎を解く。

●目　次
はしがき
　第1章　I am liking you more and more each week.―状態動詞と進行形
　　コラム①　上司は部下にどんな指示の仕方をするか？
　第2章　受身文（1）―受身文の適格性条件
　　コラム②　go up to と come up to はどこが違う？
　第3章　受身文（2）―動作主が明示されない受身文
　第4章　自動詞の受身文
　　コラム③　call up と call on はどこが違う？
　第5章　二重目的語構文
　　コラム④　John donated the museum a painting. は本当に「間違い」か？
　第6章　使役文（1）―Make と Get を中心に
　第7章　使役文（2）―Have と Let を中心に
　第8章　分裂文の謎
　第9章　前提と間接話法
まとめ
付記・参考文献

謎解きの英文法　単数か 複数か

久野暲・高見健一 著　248 頁　¥1,500 ＋税　ISBN 978-4-87424-452-4

glass など複数の意味がある名詞や、team, family などの集合名詞では、単数・複数の使い分けはどうすればいい？　わかりにくい従来の文法説明と一線を画し、英語の単数、複数を根本から論じて明快に解き明かす。

●目　次

はしがき

第1章　一般に「複数形」で用いられる名詞
　コラム① 単数形と複数形が同じ形の可算名詞

第2章　〈形〉と〈意味〉のミスマッチ
　コラム② All *is* well. か All *are* well. か？

第3章　「集合名詞」は数えられるか？（1）―team と people の違い
　コラム③ 動物とその肉の名前

第4章　「集合名詞」は数えられるか？（2）
　　―集合体のメンバーをどのように数えるか？

第5章　「集合名詞」と動詞選択―単数か？ 複数か？

第6章　The Red Sox [is / are] playing tonight. はどちらが正しい？

第7章　None of us [is / are] ready yet. はどちらを使う？

第8章　Neither of them [is / are] coming. はどちらを使う？
　コラム④ I don't think any of us [wants / want] that. はどちらを使う？

第9章　Nobody can see themself directly, can they?

第10章　人は人をどのように呼ぶか？
　コラム⑤ 姓の呼び捨て

練習問題（およびその解答）

付記・参考文献

謎解きの英文法　省略と倒置

久野暲・高見健一 著　260 頁　¥1,600 ＋税　ISBN 978-4-87424-589-7

命令文で省略されている主語は You だけ？　英語でも "Looks like rain." のように主語が省略されることもある？　小説の中などにもよく出てくる倒置文。省略と倒置を理解すると、複雑な構文がすっきり理解できる。

●目　次

はしがき

第 1 章　命令文（1）―主語はいつも You か

第 2 章　命令文（2）―主語 You はいつ明示されるか

　コラム① Snail mail って何だか知っていますか？

第 3 章　主語のない定動詞句文

第 4 章　穴あけ規則

第 5 章　動詞句省略規則

　コラム② Leash and Pick up after Your Pet

第 6 章　従属接続詞の反復

　コラム③ Unputdownable という単語を知っていますか？

第 7 章　書き言葉に見られる There 構文―どんな動詞が用いられるか

第 8 章　場所句倒置文（1）―There 構文とはどこが違うか

第 9 章　場所句倒置文（2）―どんな動詞が用いられるか

第 10 章　二重目的語構文と「所有」の意味

　コラム④ 二重目的語構文と for を用いた構文に「所有」の意味はあるか？

　コラム⑤ 間接目的語と直接目的語、「give 型」動詞と「buy 型」動詞はどこが違う？

付記・参考文献

謎解きの英文法　時の表現

久野暲・高見健一 著　212頁　¥1,500＋税　ISBN 978-4-87424-593-4

時の表現を網羅的にまとめ、現在形、過去形から、日本人が間違いやすい進行形、現在完了形なども詳述。あのマクドナルドの名コピー "I'm loving it." の文法構造も解説！

●目　次

はしがき
第1章　Will は「未来時制」か？
第2章　現在形は何を表わすか？（1）
第3章　現在形は何を表わすか？（2）
第4章　過去形か現在完了形か？
第5章　Shakespeare [wrote / has written] a lot of plays. はどちらも正しい？
第6章　「バスが止まっ<u>ている</u>」は The bus is stopping. か？
　コラム①「到着した」は is arriving か？
第7章　I'm loving it. なんて言えるの？
第8章　「絶対時制」か「相対時制」か？
第9章　「試験に合格<u>できた</u>」は I <u>could</u> pass the exam. か？
第10章　What <u>were</u> you wanting? は「何を望んで<u>いた</u>の」という意味だけか？
　コラム②「垣根ことば」と助動詞
付記・参考文献

謎解きの英文法　使役

久野暲・高見健一 著　224頁　¥1,500＋税　ISBN 978-4-87424-638-2

英語の使役表現は、make, let, have, get, cause など用いられる使役動詞によって意味が違い、land the plane と make を使った make the plane land も意味が異なる。これらの違いわかりやすく整理し、定説の間違いを正す。

●目　次

はしがき

第1章　使役動詞 make が表わす意味

第2章　He made her more cautious. と He made her be more cautious. は同じ意味か？

第3章　Make 使役は「強制使役」の場合のみ受身になるのか？

　コラム①トンビと凧

第4章　The man made him die. はなぜ不適格か？

第5章　Land the plane と make the plane land はどこが違うか？
　　　―語彙的使役と迂言的使役の意味の違い

第6章　Persuade 使役構文

　コラム② I have a temperature. は間違いか？

第7章　Let 使役文は本当に受身にならないか？

　コラム③ "Let it go" と "Let it be"

第8章　Cause 使役文とその受身文（1）
　　　―Cause 使役文は本当に意図的な使役を表わせないのか？

第9章　Cause 使役文とその受身文（2）
　　　―Cause 使役文は本当に受身文にならないのか？

付記・参考文献

謎解きの英文法　副詞と数量詞

久野暲・高見健一 著　272頁　¥1,600＋税　ISBN 978-4-87424-667-2

deep と deeply、ago と before などの副詞はどこが違うのか？　too, also, even, only が修飾するものは？　all, each, both などの数量詞が修飾している名詞句から離れているのはなぜか？　副詞と数量詞の謎を解明する。

●目　次
はしがき
第1章　副詞の deep と deeply はどこが違うか？
　コラム① Sure と Surely
第2章　Ago と Before
第3章　Narrowly と Nearly
　コラム②ボストン チャールズ河畔の散歩道
第4章　情報の新旧と省略の順序 ―副詞句の省略
第5章　3種類の if 節
　コラム③ Frankly（「率直に言って」）の文中位置
第6章　Too, Also と Even, Only（1）
　　―文中のどの要素が修飾されるのか？
第7章　Too, Also と Even, Only
　　―文中のどの要素が修飾されるのか？
　コラム④ Toilet 考
第8章　副詞の修飾ターゲットと省略
第9章　数量詞遊離
付記・参考文献